日本の賃金を歴史から考える

金子良事

一九九〇年代に年功賃金の見直しが唱えられたとき、生活ベースの賃金からの脱却がその一つのテーマであった。しかし、そもそも査定つきの固定給は、評価に決定的なマイナス点がないかぎり、甘くなってしまいがちな傾向があり、その結果、賃金の高い者が過剰に発生するという制度上の性格をもっている。…これは評価基準が生活に重きをおいていなくても生じる問題である。……

旬報社

はじめに

「賃金論は何よりも生活の問題である」

小池和男『賃金』（ダイヤモンド社、一九六六年）は印象的な一行からはじまる。賃金を生活の糧とする雇用労働者が増大し、彼らの賃金が自営業者や農業労働者の所得にも影響を与えるようになった。そのような時代において賃金はたしかに国民全体の生活にかかわる一大トピックであった。半世紀近くたった現在でも相変わらず、賃金は人々の生活を支えつづけているし、労使交渉における春闘も重要な年中行事でありつづけているが、一九七〇年代以降、日本で福祉国家化が本格的に志向されるようになると、生活問題の範囲は拡大し、賃金はそれまでのようにかならずしも生活問題の筆頭にあがらなくなってきた。迫りくる高齢化社会において介護などがホット・トピックになっていったからである。そして、いつしか賃金が議論の中心になることが少なくなってしまった。しかし、生活問題が広範化したといっても賃金の重要性が減じたわけではない。では、今、賃金の重要性を再認識するためにはどうすればよいのか。本書は、その答えを歴史のなかに求める一つの試みであり、労働者はもちろん、なんらかのかたちで賃金に関心がある方、たとえば企業で労務管理を担当する方、労働組合関係者、賃金コンサルタント、近い将来賃金を生活の糧として働く学生さんなどと広くその思いを共有したいという願いを込めて書かれた。

なぜ、あえて歴史を学ぶのだろうか。歴史を面白いと感じて下されば、そこから何かがはじまる。難しく考えたり、きちんと理解しなければと力んだりする必要はない。とはいえ、歴史を学ぶ意義というのはしばしば問われる。歴史研究者が現状を研究する人の前で報告すると、「その研究は現実にどう役立つのか」という質問を受けることがある。そういうやり取りをみるたびに、私は歴史研究者に同情してきた。なぜなら、調査であれ、理論であれ本当に優秀な現状を研究する人ならば、自分のもっている現状の問題意識と報告との共通点を照らし合わせて新しい論点を提供するので、そこから現状研究と歴史研究の対話がはじまるのであるが、そういう生産的な質問をする研究者は少ないからである。現場で実践に生きる皆さんも、実践的な問題意識をもって読んでいただければ、そこから新しい問いが生まれると思う。現実に対する問題意識と対話する意思がなければ、何も生まれない。それはあらゆる立場において同じことである。まずは気軽に読んでいただきたい。

本書には実務的知識はほとんど書かれていない。また、統計表がまったくない賃金の本は多分、本書が最初で最後であろう。本書では発想を豊かにするために、賃金そのものの多様な考え方をできるだけ紹介し、さらにその背景にある社会の歴史の説明に多くを割いている。とくに賃金の重要な二つの軸である、企業にとっての生産と労働者にとっての生活に焦点を当て、生産管理の歴史や家計調査などの社会福祉の歴史にも踏み込んで記述をしている。近年、新自由主義と市場主義などが混同され、通俗的に効率性の追求が民間企業に事業を任せることであるというような理解さえも見受けられるが、本書を読めば、効率の追求が一九八〇年代以降の話ではなく、一九世紀以来、社会のありとあらゆる分野に浸透していることも理解できるだろう。その意味では賃金に関心のある方だけでなく、社会政策、社会福祉などに関心をもつ方にも本書を読んでいただきたい。

また、本書は予備知識のない初学者にも通読していただけるように、基本的な知識の説明も含まれている。ただし、いわゆる伝統的な賃金や労働問題、労使関係のテキストにあるような構成にはなっておらず、そういう勉強をされた方も驚くような展開をご用意してある。その代わり読みやすさに配慮して参考文献は最低限のものしかふれていない。学習を深めるための詳細な参考文献リストを旬報社のホームページに掲載する予定である。なお古い文献には手に入りにくいものもあるが、法政大学大原社会問題研究所はどなたにでも門戸を開いているので、篤学の士はぜひお越しいただきたい。

願わくば、本書がかつての熱い賃金の時代を現代に呼び起こすきっかけにならんことを。そして一人ひとりがめざすべき賃金をじっくり考えるきっかけにならんことを。

日本の賃金を歴史から考える◉目次

第6章 雇用類型と組織

第1章 二つの賃金

現代の日本では働いて得た賃金を生活の糧にする人が圧倒的に多数である。そうした働き方は近代以前、必ずしも多数ではなかった。明治期に産業化が起こったとき、雇用関係がどのように変化し、どのような賃金をもらう働き方が誕生したのかをみてみよう。そこに働くことに対する考え方のバラエティを見出すことができるだろう。それは現代の我々が忘れてしまったものかもしれない。

仕事と報酬

「稼ぐ」という言葉を説明してほしいと問われたら、読者はどのような意味を連想するだろうか。首都圏など都会育ちの多くの人は〝お金を〟という言葉を補って理解するかもしれない。しかし、地方に行くと、いまでも「稼ぐ」とは「働くこと」を意味している。『字統』によれば、「稼」は元々、農耕の意味だが、日本では農事にかぎらず、仕事にはげみ、つとめることを「稼ぐ」という。五〇年前まで日本人の多くが農業に従事していたことを思い浮かべれば、農事と仕事が密接に結びついていたことは想像に難くない。ここで注意したいのは、「稼ぐ」という言葉において仕事と金銭的報酬がかならずしも結びついていないことである。私はこうした言葉の意味を実感する一つの体験をしたことがある。

二〇一二年一月、東日本大震災の津波被災地である釜石市平田《へいた》地区で和RING-PROJECTと平田自治会との共催で物資バザーが開かれた。準備から当日の運営までの核となるスタッフは、津波で倒壊した家屋の瓦礫木材からキーホルダーをつくっている大槌町や釜石市の鵜住居などで被災した和RING-PROJECTのメンバーである。準備は寒い体育館のなかで全国（送り主の多くは個人）から寄せられた物資の仕分け作業をおこなった。十分な交代要員がいるわけでもないなか、スタッフは満足に休憩をとることもできなかった。当初、スタッフには物資バザーの売上金から気持ちばかりの報酬を支払うことになっていたが、結局のところ日当を出すことはできなかった。しかし、メンバーからは逆に「やっぱり稼がなきゃダメだ！　気持ちがぜんぜん違う！」という喜びの感想が返ってきた。この感想に込められた「稼ぐ」という意味は、働くことを通じてだれかに貢献することといえるだろう。かならずしも金銭的報酬ではなかった。

岩手県の沿岸部にはいまだに封建的な慣習が残っている。それは古い身分制度をいまに緩やかに伝えている。たとえば、余裕のある家が生活の苦しい親戚に仕事をまわし、わずかな報酬と野菜などの現物を与える。労働を提供された側も家族のだれかを労働力の提供者として供出し、継続的にこれに応えなければならない。ここでも貸し借りは金銭よりもむしろ、労役でおこなわれるのである。

経済学の世界では長いあいだ、少なくとも理論的なレベルにおいては、雇用と普通の財（商品）やサービスを区別してこなかった。それでも考察を深めていって、労働力は他の財やサービスとは違うというところまでたどり着いて、「労働力商品の特殊性」といった表現がされることもあった。だが、労働を貨幣換算するという考えは広く人々の間に浸透していった。無償労働としての家事労働を批判する主張もこうした文脈でとらえるとわかりやすい。こうした世界は「市場社会」として一般的に理解されており、経済人類学者のカール・ポラニーは『大転換』（一九四四年）のなかでこうした社会が一九世紀以降、世界的に成立したと論じている。そこでは経済社会は貨幣を媒介にした交換を前提にした市場経済と、互酬や再分配という非市場経済の二つの領域で成立していると考えられている。そのうえで、市場経済が占める割合が近代以降、拡大していると理解できるのである。

雇用における報酬の貨幣化の発生

現代においても報酬と結びつかない労働は残っている。だが、明治以降、報酬と結びつく労働が増えてきたのも歴史的事実である。江戸時代には住み込み労働が多かった。交通の移動手段が少ない時代にはそうならざるを得ないだろう。その一つの典型は商家の労働である。たとえば、江戸時代の越後屋（三井）では労働は住み込みでおこなわれたが、明治時代に入ると通いに切り替わっていった。江戸時代に多い労働のあり方は年季を切った期間奉公（雇用）である。その期間は一年から三年程度が多かった。面白いことに、雇う者と雇われる者とのあいだの関係よりも、雇われる者を保証する保証人との関係が重要であった。この慣習はいまも一部の企業に残っている身元保証人制度の原型である。

たとえば、保証人には、労働者が奉公先を逃げ出したら、捕まえて引き戻すか代わりの人を提供するかによって労働力を保証する義務があった。明治に入ると、年季奉公は七年までという制限が加えられ、かつ、期間の定めのない労働による雇用の長期化が起こり、保証人が労働者を保証するのが困難になった。そのため徐々に保証範囲が限定されるように判例が積み重ねられていった。その結果、身元保証制度の形骸化がすすみ、雇用関係は現代では常識的と考えられているように、純粋な雇われる者と雇う者との関係になっていったのである（もちろん、江戸時代においても保証人が形骸化しているケースも存在した）。

奉公人制度のもとでは、仕着別家制度というかたちで衣食住が保証された。その代わり、貨幣的な報酬は、わずかな小遣いを除けば、雇用期間中に直接、雇われる者には支払われなかった。雇い主は、直接本人ではなく、家人（多くは親）や保証人などに雇用がはじまる最初に支払ったのである（だからこそ、身元保証をする必要があった）。これが明治以降、直接に雇われる者に賃金が支払われるようになった。逆にいえば、江戸時代から存在した家事使用人の奉公や農家の奉公は都市部では従来の制度を維持できなくなりつつあったのである。たとえば、繊維産業の工場地帯に発展した大阪では、従来、農家の年雇いが普通であったものが、日雇いにせざるを得なくなった。また、家事使用人にも給料を支払わなければならなくなった。賃金を支払われる工場労働者の出現によって、市場経済化した労働市場が成立し、周辺の仕事の労働条件が向上したのである。

現代の雇用関係の根幹には貨幣化する以前の規範が引き継がれている。いまでは雇用関係は、民法を基盤とした労働法規によって人権として保護されている部分もありながら、従属関係を基盤としている。これを現代風にいいかえれば、指揮命令関係である。民法では長らく雇用契約の根本原理を単純に「労働に従事することとそれにたいする報酬との債権契約」と説明してきた。だが、現実の雇用関係はそのような枠組みでは収まりきらず、同時代から現代にいたるまで、法学者たちは身分法的な性格を踏まえて学説をつくり、あるいは判例を積み重ねてきたのである。奉公という言葉は社会科の教科書にも出てくる武士の主従関係である「御恩と奉公」に端を発し、武士階級の慣習が江戸時代の初期に雇用全般に拡まったといわれている。

工場労働者の登場

現代の雇用関係の成り立ちを考える際、私たちはこうした奉公人型の雇用関係とは別にもう一つの源流に注目しなければならない。すなわち、仕事をプロジェクト単位で請け負う職人型である。明治期の工場労働者の雇用規範は、職人型の規範と奉公人（使用人）型の規範が融合されることで誕生した。彼らはプロジェクトごとに仕事を受け、その報酬を受け取っていた。いわゆる組単位で仕事の責任を負う親方請負制度である。そこでは報酬は親方の裁量で分配され、仕事から部下の生活にいたるまでの労務管理も親方が面倒を見ていたのである。

産業革命以降、産業化ないし工業化（いずれも原語はindustrialization）が起こるなかで、こうした親方請負制度は広く各国でみられた慣行である。イギリス、アメリカ、ドイツはもちろん、中国でも観察された。親方請負制度は徐々に衰退し、会社による労務管理制度が整備されていく（直接管理への移行）。その移行条件を考えてみよう。江戸時代から明治時代の日本では欧米の文物の摂取を制度化していった。ものづくりの摂取は、一方で外国語の文献からの摂取と、他方で操業技術の摂取の二つがあった。操業技術の摂取においては機械を製作した技師や技術者だけでなく、実際に動かしていた職工も来日して技術を伝授した。しかし、在来職人出身の職工のほうが舶来の職工より腕がよい場合もあった。単に機械を移植する場合であっても、現地の気候その他の条件がすべて同じではない以上、そう簡単にはいかなかった。このようななかで日本では技術者、職工が共同で試行錯誤を重ねて解決していった。自然にホワイトカラーとブルーカラーが互いに協力する条件がそろっていたのである。

重工業では職工において職人出身者の割合が多かったが、紡績業などでは薩摩藩や明治政府が工場をつくって人を育てたので、武士出身者で技術者や現場労働者になったものも少なくなかった。株式会社制度が定着した明治二〇年代にすでに多くの工場が乱立していた紡績業では、技術者が移動するとその子飼いの職工軍団（女性を含む場合もある）までいっしょに移動することもあった。

また、圧倒的な労働力不足のために労務管理者が組織的に採用活動をする必要があり、職工を採用するセクションである職工部は、本社採用の職員と、現地をよく知り募集活動の中心となる現地採用スタッフを擁していた。ここで指摘しておきたいのは、いずれにせよ労働者の募集を請負人だけで完結させることができず、正規雇用の職員（正社員）を活用せざるを得なかったことである。こうした条件のために日本の紡績業では「渡り職工」が職場を支配する状況をほとんど経ず、倉敷紡績などの例外を除いて、ほぼ最初から直接労働者を管理する体制が成立していた。

近世から近代への連続性は日本だけのことか？

江戸末期から明治期にかけて西洋の文物を移植したとはいえ、近世から近代への連続性がまったくなくなってしまったわけではない。しかし、日本では法という観点から考えると、明らかに近世からの断絶面を無視するわけにはいかない。明治になってから西洋の制度を参照しながら、法体系を整備したからである。この点はイギリスと比較すると、わかりやすい。

日本では二〇世紀初頭から戦後にかけて労働慣行の民主化が一つの社会的課題としてとらえられていた。そのとき念頭におかれていたのは、西洋＝近代、日本＝前近代ないし（半）封建という枠組みであり、日本は西洋に追いつくためにこうした慣習を脱しなければならない、ということが暗黙裡に共有されていた。だが、ここ数十年の研究蓄積によれば、実際には西洋も「雇用関係＝単純な交換関係」と割り切れるような状況でなかったことが明らかにされている。わかりやすく大雑把にいえば、西洋もまた前近代からの遺制を継承していたのである。たとえば、イギリスでは雇用関係法とはmaster and servant法であり、これは中世からの雇い主と家事使用人（奴隷）制度を引き継ぐものであった。この法律は大英帝国圏の諸国に影響を与えている。また、フランスでも賃金労働者が奴隷制度を引き継いでおり、一九二〇年代でさえその廃絶が求められていた。

これにたいして日本では明治期に民法で雇用契約のあり方を「労働に従事すること」と「報酬を支払うこと」の債権契約と定めた。しかし、実際には雇用関係は旧来の慣習を引き継いでいるものも多く、その現実と条文のギャップを判例や学説によって埋めてきたのである。

工場法の世界

日本の労働規範の原型になっていくのは職工型（工場労働者）である。これは日本だけでなく、西洋を含めて産業化のなかで新しく社会が再編成されていく過程で起こった現象である。狭い範囲でいえば、現在の労働規範をつくっているのは労働基準法を中心とした労働法であり、それをもとに積み重ねられていく判例法である。労働基準法は工場法を母体としており、その意味でも直接的に工場労働者の働き方に規定されてはじまった。工場法は女性と子どもを対象にしていたが、労働安全の分野では男性も包含しており、加えて制定された当初からやがては男性労働者をカバーすることが念頭におかれていた。

だが、日本では工場法はかならずしも労働者を保護するために立案されたわけではなかった。労働者保護という点では、明治二〇年、雑誌『日本人』が高島炭鉱の囚人労働を含む労働実態について掲載したのをきっかけに、労働問題がいっきに社会問題化し、その後、鉱業法のなかに初めて労働保護条項が盛り込まれるようになった。しかし、趨勢としてはまだ十分に労働者保護が主流とはいえなかった。というのも、旧士族の武力蜂起は西南戦争で一息ついていたものの、同時代的に自由民権運動が継続しており、折から西洋での労働運動の状況と相俟って、工場労働者が次に社会不安を引き起こす要因になる可能性が懸念されていたからである。こうした状況のなかで工場法の発想の中心には当初、工場主と労働者の監督が考えられていた。

現代ならば、主要な労働法の立案や改正にあたっては学識関係者と経済界、労働組合から委員が選出され、審議会が開かれる。だが、工場法の論議がはじまった明治二〇年代には労働組合はいまだ存在していなかったし、明治二〇年代から三〇年代にかけては日本の資本主義がようやく立ち上がった段階でまだ業界団体もほとんどない状態だった。そのなかで例外的な存在だったのが大日本綿糸紡績連合会（紡連、現日本紡績協会）である。ただし、この当時の投資家たちは紡績会社以外の業種にも投資しており、紡績会社の株主が銀行や鉄道、電力その他の業界に関与していることもまれではなかったという点は留意しておこう。

紡連は、西洋の制度をそのまま移植しようとする政府にたいして、まず現状を調査してほしいと主張した。それを受けておこなわれた調査の結果、誕生したのが農商務省「職工事情」（ただし主査は内務省衛生局から出向してきた窪田静太郎）で、労働者の惨状が明らかになった。当の紡連もそれに先立って「紡績職工事情調査概要報告書」をまとめた。こうした成果を踏まえて、労働者保護の重要性が急速に認識されていくのである。

報酬にたいする二つの考え方—感謝報恩と受取権利

工場法の公布は結局、日露戦争の影響で一九一一（明治四四）年に延期された。その前年、当時の財界の雄であった富士紡専務取締役の和田豊治が『実業之日本』に「賃銀を請取《うけとり》に日本の職工はサンキューと言ひ西洋の職工はオーライトと答ふ」という記事を書いた。和田は工場法にたいして二つの点を指摘している。第一に、工場法の施行によって実施しなければならない内容はすでに有力な紡績会社では実践しており、新たな負担になるわけではないので、実際には紡績業には必要ない。第二に、「一般の工場取締としては必要」である。和田は工場法案が曖昧で解釈の余地を残している点を批判し、取締りが必要な点に関しては微細の点まで法律で明記すべきであると主張した。そのうえで「主従間に於て緩急相救ひ互に温情を以て事に当らねばならぬ、当局者は慎蜜なる調査研究を遂げて此美風の保存発達に就て適当の方法を講ぜんとを期待する次第である」と述べている。

和田はこの小さな記事のなかで、面白い比較を展開している。表題にみられるように、和田は賃金を受け取るとき、日本の職工が感謝の言葉を述べるのと、西洋（彼が実際に行ったのはアメリカ）の職工が了解という言葉を述べる点を比較しており、前者を「主従の情誼《じょうぎ》」の慣習、後者を「権利」関係と見立てている。

江戸時代の「給金」は、形式上、被用者の訴権を認めない雇用関係に守られ、雇主の義務とは認められず、感謝の印として支払われるものであった。この思想は「主従の情誼」、「温情主義」、「慰労」などとして近代日本にイデオロギー的に残った。もう一つは、受取権利をともなうものである。江戸時代の慣習で端的にいえば、仕事の成果に直接的に報酬が支払われる日用労務や請負仕事がこの範疇に含まれる。

この二つの報酬に対する考え方は、そのまま奉公人型と職人型の二つに重ね合わせることができるだろう。これを報酬に当てはめて言い換えるならば、前者を「給金ないし給料、給与」、後者を「賃金」と呼ぶことができる。「給料」と「賃金」は現在ではほぼ同じ意味だが、現在でも感謝の意味をもつ報酬という発想にもとづいて「謝金」という区分がある。なお、こうした二つの思想的起源は別に日本だけに限定されるわけではない。たとえば、英語でも salary（給料）と wage（賃金）が同じように対応している。

賞与金（ボーナス）の一つの系譜

報恩にたいする感謝の意としての「給金」と関連して、日本独特の賞与制度について確認しておこう。ただし、賞与金の起源をどのように考えるかには諸説あり、いまのところ定説がない。というより、おそらくはどの考え方もある面では正しいのだろう。明治期の賞与金を調べてみると、さまざまな考えにもとづいて支払われていたのを知ることができる。明治以前から中元、歳末に支払われていた給与の代わりに賞与金になったという説があって、以前はこれが有力であった。「紡績職工事情調査概要報告書」にも「職工賞罰」の冒頭に「古来本邦の習慣として概ね雇主は盆暮の二期に被雇者若くは徒弟に賞金或は商品を与ふるの例あり」と書いてある。しかし、そのすぐ後にはさまざまな方法を用いて、勤続に動機づけを与えるために「賞与」を利用したと書いている。紡績職工は当時、短期で辞職する者が後を絶たず、勤続奨励策の一環として利用されたのである。この勤続奨励は私たちがイメージする長期雇用ではなく、三か月から半年以上の継続勤務を意味している。

明治三〇年代には、賞与金は世間一般に広くみられるようになっていた。一九〇五（明治三八）年の『実業之日本』に掲載された「会社銀行賞与金制度の改良」によると、当時の会社銀行においては重役から職員や職工にいたるまで賞与金が、毎半期あるいは年末などの違いはあっても、地位と俸給に応じて支払われていた。賞与金原資は利益金であったが、通常は内規で月給数か月分を給付することが決められており、その額は事業の損益に影響されることはなかった。会社の経営が悪いときも減額がない代わりに、好況のときにも増額がなかった。

富士紡の利益分配制度

和田豊治はその生涯、ほとんど自らの労使関係観を変えることはなかった。一九一〇年代に労働運動が盛んになったころ、財界をまとめて協調会（社会政策全般の調査および労働争議の調停）の設立に尽力したが、そのころも労働者の「権利」よりも労使の「報恩」を重視しており、当時は労働者側から守旧派のごとく批判を受けていた。しかし、和田はむしろ初期の労働組合育成には積極的に協力し、またみずからの富士紡で断行したことはもっとも革新的でさえあった。その一つが利益分配制度であった。

和田が富士紡に利益分配制度を導入したことは当時からよく知られており、それゆえに彼は経営史研究のなかでも開明的経営者の一人と考えられてきた。ただし、すでに確認したように、明治三〇年代には重役から職工にいたるまで賞与金が支払われる慣行が普及していたとすると、和田の改革にどのような意味があったのかはかならずしも明らかではなくなってしまう。この点を整理しておこう。

第一に、当時は株式会社の利益は出資者である株主（社員）が受け取るべきものであると考えられていたが、それを従業員全員に還元することにし、その規定を定款に書き込んだ。和田本人は重役の恣意的な温情主義による賞与との違いとして文書化された点も強調していた。もちろん、富士紡が制度導入したのは前述の『実業之日本』記事よりも後のことであり、それまでに内規があったという証言があり、この点は割り引かなければならない。しかし、それでも内規ではなく、定款に記されたという意味は大きい。第二に、この制度は当時、アメリカにおいて注目を浴びていたプロフィット・シェアリングの考え方を受け継いだものであった（ただし、運用方法は数年前に導入された三井の賞与金制度を参考にしている）。

賞与金を会社の利益と連動させる方法は経済全体が上り調子であるときはよいが、下り坂になったときには厳しくなる。和田が存命中はこの制度は何の問題もなく継続したが、富士紡は主力工場を関東に集中させていたため、関東大震災によって大打撃を受け、さらには折からの不況のため、昭和年間に入り、はじめて無配を出すようになった。そのときに、従業員がすでに賃金だけではなく、賞与金を前提に生活設計をしていたため、利益との連動させずに賞与金が支払われるように制度改定がおこなわれた。

二〇一〇年代の日本では賞与（ボーナス）と会社の業績が連動することが当然のように考えられているが、制度の開始時点ではそうした考え方は例外的で、どちらかというと旧来の社会のうちにあった報酬についての慣習が近代的な工場や会社に合うかたちで現れたものととらえるのが適当である。

コラム①

報酬の金銭化

経済学にインセンティブ（誘因）という考え方がある。インセンティブとは人々をある行動に駆り立てるものという意味である。賃金は労働のインセンティブとみなされる。だが、実際はどうだろうか。じつはそんなに単純ではない。もちろん、賃金の低さが労働意欲の低下を招くことはよくみられる。しかし、賃金と労働意欲はかならずしも結びつかないことがある。詳細な賃金制度の実態を検討しあう席でよく笑い話になるのが、こんなに複雑な仕組みを全部理解できる人が人事以外に誰がいるのかということである。わからないものがインセンティブになるとは考えにくい。また、ある程度の高度な仕事をこなすようになると、給料の額はあまり仕事と関係ないという人が少なくない。その場合のインセンティブは、上司や同僚に認められることにあったり、仕事そのものをていねいに仕上げること自体にあったり、まさに十人十色である。雇用や請負などの形態いかんにかかわらず、現代でもこのように一方が仕事を依頼し、他方がそれを遂行するという関係において、金銭的対価だけでは説明できない何かがあることは、多くの人が経験的に知っていることだろう。

その機微をある角度から言語化したのが、本文でも和田豊治の議論を引いて紹介した「主従の情誼」の考え方である。しかし、現実にはその後、温情主義や主従の情誼という議論は労働者の権利を明文化させないための方便に利用されてきた。一見、美しいと思われる議論（当時は美風といわれていた）は、かえって悪用されることがある。労役は旧来の社会慣習から継続しているものだが、こうした議論と容易に結びつきやすい側面をもっていた。その意味で、労働基準法が「賃金は、通貨で、その全額を支払わなければならない」（24条）と規定している意義は大きい。一つのスケールという点で通貨が優れているからである。

第2章 工場労働者によって形成される雇用社会

働いて賃金を得るために、多くの人が会社に雇われている。明治期の産業化とその発展を支えたのは工場制度だけでなく、多くの資金を集め工場成立を支えた株式会社制度であった。会社の工場で働くホワイトカラーやブルーカラーの労働慣行は数多く、現在の雇用関係のなかに継承されている。ここではそうした前提となる制度の初期のあり方を概観したのち、そのなかで賃金がどのようなものであったのかをみてみよう。

日本近代の二つの変革

賃金と生活の関係を歴史的に振りかえってみるとき、近代日本の誕生に際して政治面と経済面で大きな変革があったことを確認する必要があるだろう。

政治面の革命では幕藩体制から二十数年を経て立憲君主制が成立した。さらに、明治政府は四民平等によって旧来の身分制度を解体しようとした。現代でさえ旧来の身分制度は地方によって社会的に完全に払拭されたとはいえないが、たしかに明治、大正、昭和、平成とその影響力は薄れてきている。明治時代になると、藩閥という強力なコネを新たに併存させながら、実力本位の競争主義が開始された。とりわけ、明治三〇年代以降には、官吏において学歴が重要視されるようになり、延《ひ》いてはそれが民間企業に伝播するようになった。いわゆる学歴社会の始まりである。高級官吏にせよ、民間企業の経営者にせよ、彼らは給与所得者になったのである。

第二に、経済面に注目すると、いわゆる産業革命が起こった。日本経済史研究者の石井寛治は「産業革命とは、機械の発明と利用を基礎にして資本制生産様式が全社会的に確立する過程」と定義し、資本主義の確立について「資本による賃労働支配の完成（およびそれを通じての巨大な生産諸力を生みだすこと）」に加えて、「（資本）自らの存在と決定的に対立する存在としての賃労働者＝プロレタリアートを生み出した」点を強調している。

誤解を恐れずに簡単にいいかえると、ここで想定されている賃労働者は工場労働者のことである。彼らは巨額の資本を必要とする巨大機械を個々人で所有することができなくなり、したがって、従来のように自前で仕事道具（たとえば大工道具）などの生産手段をもつことができなくなっていったのである。これが「機械の発明と利用を基礎に」の意味である。石井は古いマルクス経済学にのっとった資本家と賃労働者（雇用労働者）の関係を重視しているが、この点はもう少し生活という側面から掘り下げる必要があるだろう。

生活面での変革

明治維新の時点で、武士は一九四万人（人口約三四〇〇万人の六％未満）であったが、人口に占める割合以上に重要な意味をもっていた。第一に、各藩の藩主を中心に彼らは政治を運営してきたため、明治前半の貴族院議員第一世代はそういう経験を有した華族（旧藩主）であり、そのなかの主要人物は政権運用上も重要な役割を果たした。第二に、武士階級は武力による社会革命の可能性をもっており、一部の士族は実際にそれを志向していた。いわゆる士族の反乱である。彼らの生活を保証するために明治政府は、士族授産というかたちで秩禄処分によって家禄収入を失った旧武士に働く場を提供した。第三に、戦前の教育史から指摘されているように、武士の規範は一般社会から広く尊敬を集め、それが他の階級にも伝播した。それらは象徴的な意味で少なからずそれ以降も継承されているが、実際の彼らは藩が消滅した以上、雇用労働者となってその生活基盤を雇用先に求めざるを得なくなったのである。

人口割合からいえば、武士よりも重要な位置を占めるのは圧倒的に多数の農民であり、彼らが住む農村こそが問題であった。一口に農村といっても、地域差が大きいため、簡単に総括することはできないが、全体的な傾向として江戸末期から貨幣経済圏に巻き込まれていった。たとえば、明治時代に養蚕が盛んになったのは繊維産業の発展と関係している（逆にいうと、ほとんどの養蚕農家の歴史は明治から昭和にかけての期間しかもっていない）。また、地租改正によって税が金納化したことも大きな変化であった。

生活面に注目すると、一九二〇年代末から三〇年代にかけての東北地方がそうであったように、従来からの凶作の影響だけでなく、景気変動による不況の影響を強く受けるようになり、その分、生活の不安定さが増した。これは交易圏が広がることで必然的に起こった現象である。だが、逆に変化しなかった側面を取り上げることもできる。日本では高度経済成長以前の一九五〇年代に入るまで、農村は巨大な労働力供給源であると同時に、いわゆる農村雑業層と呼ばれた潜在的失業者を吸収し、労働市場の調整機能をになっていた。この柔軟な労働市場の存在は、中小企業の存在と並んで、長らく日本の低賃金水準の原因になっていると考えられてきた。戦後には兼業農家が増え、その一方で安い賃金で働くパート労働が出現したが、戦前以来の農村と都市との関係によって引き起こされた問題はかたちを変えて、現在でも地域によって継続している。

工場のなかの社会

工場（あるいはドック）は幕末から明治期にかけて新しく人々が共有する空間として数多く現れた。

工場を設立した主体は、幕末には幕府や薩摩藩などの雄藩であったが、明治初期には政府が模範工場を建設し、次いで民間の手に移るようになった。人々が新しい工場に警戒をもって接したため、政府が積極的に士族の子女を勤務させ、人々が工場に慣れて産業化に寄与するよう啓蒙活動を展開したことは富岡製糸工場の例でも広く知られている。

新しい空間といっても、すべてが新しくはじまるわけではなく、従来からの慣習を多く引き継いでいる。尾高煌之助『新版職人の世界・工場の世界』(NTT出版、二〇〇〇年)などの研究のなかで注目されてきたのは、造船などの重工業において職人の世界が継承されていったことである。昔の職人は数多くの職場を渡り歩くことで、自らの腕を磨いていった。日露戦後以降、大きな事業所では内部育成がはじまったといわれているが、中小企業では高度成長期くらいまで職人的文化が残っており、仁義を切るといった習慣さえも部分的には残っていた。こうした職人のように遍歴する職工を「渡り職工」と呼び、長いあいだ「熟練工」として重視されてきた。

また、工場での慣習は農村の影響も色濃く受けていた。「綿糸紡績職工事情」をみると、明治三〇年代には賃金を支払う時期が工場ごとにバラバラであったことがわかる。たとえば、日払い、週払い、二週間に一回、月に一回などがあった。こうした習慣は地域ごとに異なっていたと考えられる。さらに、工場によっては古い奉公制度の習慣を残しているところもあり、織物の工場では大正時代でさえ、年季奉公の職工と通常の賃金を受け取る職工が併存しているようなところも存在していた(橋野知子「問屋制から工場制へ」岡崎哲二編『生産組織の経済史』東京大学出版会、二〇〇五年)。

株式会社制度の定着

一八七九（明治一二）年、渋沢栄一の呼びかけによって大阪紡績が株式会社としてスタートする。大阪紡績の成功によって株式会社が注目されるようになり、明治一八年、そして日清戦争および日露戦争の後の数度の株式ブームを経て、会社制度が定着してくる（いわゆる企業勃興）。これ以後、日本では工場制度は株式会社と切り離して考えることはできなくなる。経営史研究では、明治三〇年代にいわゆる日本的経営の基盤がつくられたといわれてきたが、それは最初の株式会社ブームから十数年がたって、制度的に安定をみせはじめた時期と一致していると考えることができる。

企業勃興期には紡績、鉄道、電力などの株式会社が設立されていったが、このなかで紡績業だけはすでに江戸時代の薩摩藩による設立にはじまり、次いで政府が模範工場をつくっていった。しかし、大阪紡績の成功以前は経営的に成功するところはほとんどなく、模範工場は民間に払い下げられていった。ただし、そうした時代でも個々の技術者や現業労働者は育ったといわれている。また、大阪紡績が成功したといっても、続々と設立される紡績会社がことごとく成功したわけではない。株主たちは一社だけに投資するのではなく複数の会社に同時に出資していたから、みずからのコネを使うなどして成功している他社から経営者や技術者を迎え入れ、経営の再建を依頼した。また、同時に合併による整理統合もおこなわれた。この時期は、経営者層における移動が実務上、重要な意味をもっていたのである。

明治三〇年代に会社制度の基礎ができたというときの判断材料は、職員の職掌が重役に取りこまれるようになったところにある。現代風にわかりやすくいえば、技術系の取締役、営業系の取締役、人事系の取締役といった系統別の取締役が定着していったということである。これによって職員からの内部昇進による重役への道が開けた。鐘紡などの先発企業において実際に一社を勤め上げたホワイトカラーが重役に昇進していくのは明治末期から大正期にかけてである。

株式会社における賃金制度

株式会社における賃金制度といっても、会社ごとに多様であった。大まかにいえば、戦前期について、重役は年俸制度、職員は月俸、職工は日給あるいは出来高給という風に理解することができるだろう。ここでいう月俸とは欠勤による減給がないという点が重要である（いわゆる完全月給制度）。ただし、これはあくまで大まかにとらえた話であり、実際の制度はもっと複雑である。

そもそも現在の非正規社員のように、戦前から正規職員以外にも非正規職員（臨時職員）が存在していたし、職工についても同様にいわゆる臨時工がいた。そして、この身分差がただちに待遇格差に結びつくかというと、そう単純に理解することはできない。たとえば、臨時工が社会問題としてはじめて広く議論されるようになるのは一九二〇年代初期だが、臨時工がかならず本工よりも待遇が悪かったかといえば、業種や時期によっては単純ではない。具体的にいえば、明治末期の大阪の紡績業では労働力不足で元職工の主婦たちを特別臨時工として雇う際に、通常よりも二割増しの賃金を支払うという例があった。「非正規労働」という表現が使われるようになったのは一九八〇年代以降だが、同様の身分差は戦前から存在しており、企業内従業員の構成はやはり複雑で、歴史研究でもその実態はまだよくわかっていないことが多い。

従業員の身分境界のむずかしさと賃金制度の複雑さはリンクしている。たとえば、下層職員のなかには月給制度の者と日給制度の者がいた。私は以前、日本鉄道（現ＪＲ東日本の関東東北地域を包括していた）の職員録などを使って明治三〇年代の職員賃金を調べたことがあるが、実際の月給、日給や賃金水準からだけではどのような基準が月給と日給を分けているのか法則性を最後までつかむことができなかった。たとえば、日給制度でも三円の職員もいれば（二〇日出勤で換算しても月収六〇円）、月給制度で一五円の職員もいるといった具合である。前者のような職員が日給制度から月給制度に移行することはあるが、そのときは日給を月換算にした額になる。従業員側に選択する権利があったのか否かも含めて別の資料が必要である。ただ、緩やかに年・月・日という区切り方が社内の地位と重なり合っていることは指摘できるが、月給が日給より上であるとは簡単に結論づけることができない。

とはいえ、職員層は賃金制度としては固定給であり、期間を年にするのか、月にするのか、日にするのかという違いはあるものの、比較的、単純である。それよりも面白いのは複雑な賃金形態の組み合わせである職工の賃金制度をどのようにとらえるかである。だが、ここではその前に当時の職工がおかれていた背景を理解するために、いくつかの点を確認しておこう。

株式会社における身分

二〇〇〇年代前半にライブドアの球団買収問題を契機として、会社はだれのものかという議論が起こり、この企業買収問題と関連して、会社を株主のものとする立場と従業員のものとする立場に分かれて激しい論争がおこなわれた。その一方の立場に従業員のメンバーシップ意識が強く反映されていることはとても興味深い。じつは戦前の歴史をひもとくと、この点がクリアにみえてくるのである。キーワードは「社員」である。

社員という言葉は元々、出資者を意味していた。現在でも法律上、社員は株主のことである。株式会社制度そのものの成り立ちを考えれば、それも当然であろう。すなわち、株式会社は複数の出資者によって出資された資本を元手に、営利事業を経営者（および経営者が雇用する従業員）に委託して遂行する仕組みである。したがって、会社のメンバーはリスク負担を共有する共同出資者であった。ここに会社は株主のものであると主張する立場の根拠があった。だが、日本の場合、いくつか特殊な事情がある。明治一〇年代から三〇年代にかけて会社制度が定着しはじめたころ、経営者は事業経営のリスクを負うために、一定数の株式を保有しなければならないと定款に定める会社が少なくなかったのである。もちろん、実態としては有力な株主が経営者を迎え入れるために、みずからの株式を譲渡するなどして必要分の株式をもたせることもあり、杓子定規に経営者＝株主であると考えることはできないが、多くの株主から経営者もリスクを負う必要があると考えられていたことは見逃せない。

他方、明治から昭和の戦後にいたる長いあいだ、ホワイトカラーは職員と呼ばれていた。彼らは最初から正社員と呼ばれていたわけではない。職員には複数の身分が存在していた。職員層の一部がいつから正社員と呼ばれるようになったかは定かでないが、明治三〇年代にはその呼称を確認することができる。ほぼ同時期に、職員には年間所得の二倍未満の身元保証金を会社に預ける義務規定が出現し、民間企業に定着した。身元保証は前章でも紹介したように、江戸時代からの制度を引き継いだものであるが、身元保証金の起源はこれとは別である。身元保証金の起源は一八八〇（明治一三）年に勅令で定められた「出納官吏身元保証金納付之件」であり、これが民間企業に伝播した。要するに、役人の取り扱う金額が大きくなったために、使い込み防止の意味を込めて賠償予定金を定め、これが民間企業に転用されたのである。ただし、一従業員が一企業の浮沈を決めるほどの損害を与えることはまれであり、制度導入当初からその損害賠償機能が実際には形骸化していると指摘されていた。

身元保証金は一種の強制貯金であり、一定の利子をつけて運用されていた。そして、その額が高額なため、土地や家を担保にして差し出すこともあった。また、個別の納付額は年俸や月俸などの額に比例しているため、昇給すると新たに追加額を会社に預ける必要があった。ただし、実際にどれだけが損害を起こしたことによって、賠償金として会社に納付されたかわからない。とはいえ、形式的であるとはいえ、事業経営をしていくうえでみずからの行動のリスクを職員自身が負っていたという点において、彼らは現在の従業員に比べ、株主や経営者（＝株主）に近い立場にあったといってよいだろう（現在は労働基準法第一六条によって賠償予定金は禁止されているが、公証人身元保証金は現存する）。

工場労働者の規律をつくる

職工賃金を理解するために、生活という補助線を引いて、工場労働者の規律の問題を考える必要がある。工場労働者の規律というときに、まず思い浮かべるのは工場内での仕事をするうえでの規律であろう。たとえば、就業時間の厳守や、機械を大事に扱え、職務中に弁当を食べるな、工場のなかで放歌するなといったことである。ちなみに、万葉の昔から労働歌は重要な労働文化であり、就業中の歌の禁止は文化史的には面白い意味があるかもしれない。規律をつくるということは彼らの労働文化だけにとどまらない。それは工場内だけで完結せず、生活面に及ぶようになる。賃金との関連でみると、その一つが現在では労働基準法で禁止されている強制貯金であった。これは職員の身元保証金に似ているが、元々の成り立ちは異なっている。

職工にたいする強制貯金は当初、賃金の後払いであった。明治二〇年代から三〇年代に紡績工場が乱立されると、各工場は労働者を集めるのに苦労し、集めてきた労働者も移動を繰りかえした。そこで管理者側も労働者の移動を防ぐために、雇用契約期間の終了時に賃金の一部を支払う制度を用意したのである。この後払い賃金は一般に満期賞与と呼ばれ、工場労働者の退職金の起源の一つともいわれている。このほかにも明治三〇年代には数週間、一、二か月単位から数銭（日給基準）の幅での査定なしの小刻みな自動の定期昇給をつくり、雇用契約期間の継続就労をまっとうさせようとした。ある程度の層が定着するようになると、昇給と昇給の間の期間が長く伸び、その代わり一回の昇給額も増えた。また、大企業では満期賞与は継続したが、賃金からの罰則的な賃金の天引きである強制貯金は徐々になくなった。これらの変化は労働者への信用が蓄積された結果である。

紡績業はちょうど世紀転換期（一九〇〇年前後）に発展し、また、大阪や東京などである程度、産業集積的に展開したため、このような労働移動の問題が先鋭的に顕在化した産業になったが、「貯金」は啓蒙的な意味でもっと一般的にみても重要であった。そのことを理解するために、工場労働者の歴史的なイメージを確認しておこう。

工場労働者層はなによりも貧民層と重なっていた。労資関係史研究では兵藤釗が一九〇四（明治三八）年の日露戦争を契機に大工場労働者の賃金水準が都市下層の賃金水準から乖離し、彼らは独自の生活を営むようになったと指摘した。生活構造論の中川清にもこの説は継承されている。ただし、二つの点で留保が必要であろう。第一に、実際に貧しい農村や都市雑業層から工場労働者になった者も存在したということである。第二に、ある程度の賃金を獲得していた実態とは別に、工場労働者層と貧困層が近しい存在であるというイメージは日露戦後もある程度、継承されたということである。こうしたイメージを確認する意味は、彼らが社会改良の対象であったという一点である。

貯金がなぜ生活改善と結びつくのであろうか。経済的な意味で生活が苦しくなるのは不意の支出（病気や冠婚葬祭など）であり、これは昔から経験的に知られていたが、職人気質の文化を受け継ぐ工場労働者は「宵越《よいご》しの金をもたない」気質があり、他方で貧困層にも貯金をする余裕がなかった。そこでその日一日の生活ではなく、中長期のことを見据えた生活設計（というほどこの時点では大げさなものではないが）が重要であるという風に考えられたのである。

明治三〇年代前半は『実業之日本』誌上において、農商務省を辞めて民間に下野していた前田正名をはじめとした政財界の大物たちが勤倹貯蓄を訴えていた。やがて日露戦争を前後して、二宮尊徳を顕彰する報徳運動がはじまった。その中心人物であった二宮尊徳の直弟子・岡田良一郎を父にもつ一木喜徳郎と岡田良平がそれぞれ内務省と文部省の幹部であったため、報徳運動は内務省の感化救済運動と地方改良運動、戊申《ぼしん》詔書をきっかけに展開した文部省の国民道徳運動に流れ込んでいった。工場労働者もこの国民的啓蒙運動の対象の例外ではなかった。

こうした運動には二宮尊徳のように在来の思想も利用されたが、同時に欧米からの思想の輸入も熱心になされた。その一つが社会改良思想である。これはおもに労働者層や都市の貧民層を対象にしていた。地方改良運動のような国家的な取り組みとは別に、民間レベルでも労務管理の手法として同時代の欧米での industrial village（職工村）が模索されていたのである。結果的には挫折してしまったが、大正初期の倉敷紡績では職工全員に一戸建ての社宅（長屋ではない）を提供しようとしたことがあった。

とはいえ、実際には労働者の慣習や文化は、そうした社会改良思想一色に塗りつぶされたわけではなく、むしろ、その後も独自のかたちで粘り強く残った。たとえば、一九五〇年代の川崎の工場における労務管理者の重要な仕事の一つは競馬のある日に労働者をなんとか工場に出勤させることだった。労働者文化という面でいえば、一九一〇年代でさえ日本の文学の中心はプロレタリア文学であり、その流れを引き継いで戦後も職場サークル活動というかたちで独自に展開するのである。だが、次章で述べるように、初期の労働組合活動において、とりわけ友愛会の鈴木文治が労働運動の中心であったことを考えると、この社会改良思想はとても重要な意味を帯びてくる。

仕事の直接的な対価という性格が強かった職工の賃金

第二次世界大戦後の労働運動のなかで職員と職工の待遇（身分）格差の打倒が目標として掲げられていた。事実として、戦後のブルーカラーは正社員（正規従業員）としての地位を確立させ、そのことは労働運動の成果と評価されることもある。実際に戦前は会社によっては使用するトイレが身分によって違うなどの待遇格差があったことは否定しようもない事実であり、それが社会的身分差に繋がっていたこともたしかである。その一方、職工は職工で自由な規範をもっていた側面がある。それは賃金からうかがい知ることができる。

職工の賃金が大別して日給と出来高給の二種類であったことはすでに述べた。ここで注目したいのはこうした賃金が直接的に労働との交換という側面が現代と比較して強かったことである。このようなことを書くと、読者は労働基準法における賃金の規定を思い起こし、賃金が労働の対価であるのはむしろ当然でないかと反論されるかもしれない。ここでは戦前の紡績工場の賃金を例に実際に即して考えてみよう。

紡績工場では大きく分けて三つの賃金制度が採用されていた。日給と個人出来高給、集団出来高給である。もっともわかりやすいのは個人出来高給である。たとえば、綿の塊から棒状の糸にする最初の工程である前紡や仕上工程ではこの賃金制度が採られていた。個人出来高給の前提にあるのは個人の仕事の成果が測定できることである。前紡工程では自分が担当した糸の長さと重さが基準になり、仕上工程では製品の個数を基準とすることができる。これにたいして一つの工程で分業をしている場合、個人ごとの成果に還元することができない。前紡工程の次工程である精紡工程では前工程からきた糸をさらに細く梳いて、撚りをかけながら完成品と同じ太さにする。ただし、この工程では機械に設置したロールに糸がいっぱいになったら交換する玉揚工と、切れた糸をつなぐ糸継工、掃除を担当する者などがチームになって作業をしていた。この場合、チーム単位では前紡工程のように糸の長さと重さを基準に仕事の結果を測定できるが、個別賃金は改めてそこから配分しなければならない。また、監督者層やそもそも仕事の成果を測定する基準のない工程については定額給で支払う必要がある。紡績工場では集団出来高給の配賦基準や、定額給（日給）の決定に査定が入っていた。

査定が入った定額給という点では、現代の多くの賃金に連なる系譜としてとらえることも可能である。その意味するところは継続的雇用によって積み重なった査定で賃金が決まるということである。すなわち、厳密にいえば、現在の仕事評価だけでなく、過去からの評価の蓄積である。だが、戦前の場合、日給額が高い熟練工はしばしばみずから出勤日数を調整し、自主的に休みをとる場合があった（これは紡績工場以外でもみられた）。そして、労務管理者側もある程度、このような慣行を認めていたのである。だからこそ、戦時中に職工に完全固定給である月俸制度を導入しようという動きが出たときに、職工は本当に出勤するのかどうかという議論が出たのである。この点は第4章で改めて取り上げることにしよう。

コラム②

ブルーカラーとホワイトカラーの協力体制

1960年前後、アメリカとヨーロッパ、日本の鉄鋼業はほぼ横一線の実力があった。そこから10年間、日本の鉄鋼業はコンピュータ化を実現して、他を引き離していく。コンピュータ化の構想はイギリスなどをはじめ、世界的に共有されていたが、生産管理も含めて実現できたのは日本だけであった。その成功の理由としてあげられるのがブルーカラーとホワイトカラーの協力体制である。1970年代から80年代にかけて日本的経営が海外で評価されたのはこうした安定的な労使関係の側面であり、一般に日本の製造業の特徴といわれてきた。労使関係史では古くは戦後の工職混合の企業別組合に注目が集まり、80年代以降は小池和男が提示した「ブルーカラーのホワイトカラー化」というテーゼに関心が集まってきた。ただし、技術史の中岡哲郎は戦前にヨーロッパから移植された点で、情報を文献で仕入れることと、実地で動かすことの協力が必要だったとしている。私はさらに株式会社制度が早くに普及したことを重視したい。

労働法の整備において工場労働者が大きな役割を果たした点は各国ともに共通しており、ことに労働運動について日本は世界の労働運動との連帯によって大きくなった。ただし、日本では近代的な工場が導入された1860年代から20年以内に株式会社が普及した。それによって資金集めの方法が確立したことで工場を増やすことができた。その代わり、機械や工場が整っても経営がうまくいかないところもあり、そこに経営者や技術者から職工まで一群のスタッフが再建を任されるということがあった。さらに、1920年代に紡績業が在華紡として中国大陸に進出する際には、優秀な女工も送り込まれた。こうしたブルーカラーを含めて海外に進出するのは、戦前の在華紡や戦後の東南アジアに繊維産業を移植したときだけでなく、現在の自動車産業等にいたるまで連綿とつづいている。

第3章 第一次世界大戦と賃金制度を決める主要プレイヤーの登場

現代の賃金に影響を与えているプレイヤーをあげるとすると、人事労務管理者、労働組合、コンサルタントの三者であろう。おもしろいことに、日本において彼らは大正時代のほぼ同時期に歴史上に登場することになる。労使関係を舞台にときに敵同士、ときに一緒に制度をつくっていく同志として振る舞う。そんな彼らが歴史の舞台に登場した背景を確認してみよう。

賃金制度を決める主要プレイヤー

賃金の議論をするとき、混乱を引き起こすのがミクロの問題とマクロの問題を混同させてしまうことである。しかし、このような混乱を避ける処方箋は存在しないので、文脈ごとに判断していく必要がある。本章ではミクロの賃金の問題、すなわち、企業内賃金に注目していく。現代企業における賃金制度の決定に寄与するプレイヤーを上げるとすると次の三者であろう。第一に労働組合、第二に人事部、第三に経営（人事）コンサルタントである。これらの主要プレイヤーは賃金を含めた労務管理という共通領域を扱っている。

欧米では国家の社会保障や企業の福利厚生制度が充実していない時代、共済組合やレクリエーション活動などをになうのは労働組合であった。このプレイヤーのなかでは明らかに労働組合の出現が早い。企業が福利厚生制度を充実させることによって、労働組合の活動（機能）が部分的に弱められる。したがって、労使関係は対立的な観点から、ウェルフェア・オフェンスと呼ばれてきた。実際、アメリカでは組合をつくらせないために、福利厚生制度を充実させるという手段が採られた。

本章では日本において三者がどのような背景で登場してきたのかを確認しておこう。それを踏まえて、次章以降の賃金制度の展開をみていく。

鈴木文治による友愛会の結成

日本における労働組合は、一八九七（明治三〇）年に結成され、すぐに解散に追い込まれた鉄工組合をもって嚆矢《こうし》とする。しかし、現在の組合活動への連続性という点でいうと、友愛会の結成（一九一二＝大正一年）から考えれば差し当たり十分であろう。友愛会は一九二一（大正一〇）年に正式に日本労働組合総同盟と名称を変更し、その流れは右派のいわゆる同盟系につながっている。だが、左派系組合も総同盟の二度の分裂を経て誕生した経緯があり、その意味からも原点は友愛会と考えるべきである。日本の労働組合は、左右問わず労働者と資本家（後には経営者）の対立という考え方をとってきたが、実際には組合間や専従間の争いも多かった。その対立は一般にはイデオロギー対立に起因するともいわれているが、戦前来、人間関係の対立であることも少なくなく、長い間その流れを引きずってきた。

友愛会は東京帝大（現東京大学）卒の鈴木文治によって結成された。鈴木文治が設立したことに起因する特徴として以下の点があげられる。第一に、本部（中央機関）が最初に設立された。鈴木は当初、イギリスの同職組合（トレード・ユニオン）を目標としていたが、トレード・ユニオンが各地の同職組合の合同化によって全国組織化したのにたいし、友愛会はまず本部が成立・発展し、それに同調するローカルな運動（支部の隆盛）を取り込んで成長した。松岡駒吉や西尾末広もそれぞれ北海道、関西で独自に活動し、後に友愛会に加わった。友愛会は一九一七年に職業別・地域別組合、一九一九年には地域別も職業別への編成替えをめざした。こうした組織編成方針を掲げたことに加え、友愛会が一貫して諸組合の連合体であったことは本部が確立していたという組織上の特徴の現われであると考えられる。いいかえれば、日本の労働組合はナショナルセンターからはじまったのである。

第二に、鈴木は個人的に広く社会的信用を集めていた。彼の個人的な信用を基盤に友愛会は鈴木の恩師である桑田熊蔵や高野岩三郎など学者の支持を得ただけではなく、官僚や渋沢栄一ら財界の有力者からも支援を受けることになった。鈴木は当時の社会政策学の影響を受けており、友愛会初期の社会改良主義的な方針もそれにもとづいていた。支持者たちはそれぞれ労働行政や社会事業に携わり、大きな影響力を与え得る立場にあった。とりわけ渋沢栄一は大正初期にカリフォルニアで起こった排日移民労働者運動にたいして、鈴木を使者として送るという労働外交でその融和をはかった。結果として、鈴木はＡＦＬ（American Federation of Labor）のゴンパース会長と知己を得ることができ、一九一〇年代後半以降、日本の労働運動は世界の労働運動と連携することで力を得ることになった。

第三に、友愛会と鈴木文治はその堅実で公平な活動によって信用をさらに蓄積していった。友愛会は一九一三（大正二）年の日本蓄音機商会の争議を皮切りに、労働争議の調停をおこなっていった。当時、イギリスの労働組合のように強力な発言力を有していたわけでもなく、また、警察や地方自治体のように、公的な力を与えられた機関でなかったにもかかわらず、こうした役割をになえたのはそのスタートにおいては支持者たちの社会的な信用力によるものであった。この特徴は、鉄工組合などが軒並み、関係者の解雇や組織替えなどの弾圧によって潰されてしまったのに比べると明らかである。友愛会が地力を蓄えることができたのはこうした地道な活動によって信用を積み重ねっていったからなのである。

生計費と賃金の関係

初期の友愛会においてとくに注目すべきことは、高野岩三郎による日本最初の本格的な家計調査（月島調査）およびそのパイロット調査に協力したことである。一九世紀末からイギリスのロンドンでは、チャールズ・ブースやベンジャミン・シーボム・ロウントリーら民間篤志家によって貧困層の生計費調査がおこなわれた。これらによって都市の貧困問題が社会問題と認識されるようになったが、その調査手法において統計学的手法が採られるようになった。高野は東京大学で統計学を教えており、こうした手法を日本にも導入しようとしていた。そして実際に調査する段階で、彼が頼ったのが教え子であった鈴木文治とその仲間の労働組合員たちであったのである。東京の下町の職工たちも一か月単位の家計簿をつけて、高野の調査に協力した。友愛会はこうした科学的根拠に支えられ、日本ではじめて労働組合として生活賃金を要求することになる。第一次世界大戦前夜のことである。

第一次世界大戦は近代史を考えるうえでエポックメーキングな出来事であった。まず、ヨーロッパ先進国にとって最初の総力戦であったということである。それまでの戦争との大きな違いは、それまでの戦争は戦闘がはじまる前に準備した兵器を使い尽くした時点で終結したのにたいし、第一次世界大戦においては兵器を生産しながら、それを戦闘に投入することを繰りかえすようになった点である。こうした戦争を遂行可能にする前提として産業革命以来の各国の工業力の発展があった。しかし、国家は戦争に勝つためには労働者に兵器を生産してもらわなければならず、労働組合に戦争協力を依頼した。これによって戦争の勝敗と関係なく、欧米では労働攻勢という情勢になった。パリの講和会議によってＩＬＯ（国際労働機関）が設立されるのもこうした情勢を背景にしている。

総力戦が開始されたころ、ヨーロッパ列強による植民地分割がほぼ終わり、同時に交易がグローバルな規模でおこなわれるようになっていた。その結果、ヨーロッパの経済情勢が日本の経済にも直接影響を与える状況が生まれた。具体的には、欧州での第一次世界大戦によってインフレが起こり、それが日本にも伝播した。この影響で船成金などの成功者が出る一方で、大多数の労働者や農民など資産を多くもっていない者は生活が苦しくなった。一九一七（大正六）年は賃上げ争議が多発し、友愛会本部もついに争議に関与しないという方針を取り下げざるを得なくなった。これをきっかけに八幡製鉄、足尾銅山などの争議では友愛会（一九二一年からは改称して総同盟）みずからが争議戦略の策定にも関与するようになった。労働運動史上ではこうした変化をもって、友愛会が修養団体から労働組合へと変貌したといわれている。インフレによる生活苦は賃上げ争議にとどまらず、米騒動というかたちで社会運動として展開されることになる。

第一次世界大戦期以前においても賃上げ争議は個々には広がっていた。しかし、それはあくまで職場（あるいは部署）単位や大きくても事業所単位での労使関係の問題でしかなかった。個々の争議を具体的にみていくと、上司の依怙贔屓《えこひいき》や口約束を履行しないといった人間関係的な問題に端を発することも少なくなかった。実際、一九二〇年前後にはまだ、財界人や主要会社のホワイトカラーは、欧米において出現しつつあった資本家対労働者という対立構図とはとらえておらず、個別の対立原因を社内の人間関係に求めていた。これにたいし、第一次世界大戦期の争議は、いまだ資本主義社会が必然的にもたらす資本家対労働者という対立構図ではなかったけれども、必ずしも個別事業所や職場での労使関係だけにとどまらずに、より広範に影響を与えたインフレが原因であった。いいかえれば、個別の経営条件だけでなく、マクロ経済的な要因が重要になってきたのである。

人事部と経営（賃金）コンサルタントの登場

他方、一般的に人事部ができたのもこの時代といわれている。ただし、人事部というとき、私たちは二つのことを考えなければならない。第一に、通常、戦前は職員と職工の人事機能は別であった。大正時代に人事部ができたというのは、職員人事を扱う専門セクションとして人事部がこの時代に登場したという意味である。これが第一点である。

第二に、人事部の登場は大正期中ごろに大企業において新規一括採用が登場したこと、教育改革によって後期中等教育および高等教育の卒業生が多く生まれるようになったことと連動して起こった。それ以前においても会社のなかに人事機能がなかったわけではなく、総務部のようなところがその機能を果たしていた。現在でも人事と総務が一緒の企業は存在するし、その意味では会社の登場ととも に組織の機能としての人事は存在していた。実際、人事部誕生以前であっても総務部内で人事の仕事のみのローテーションで人材が育成されていたならば、特別に人事部の登場を時代の画期とすべき理由はない。繰りかえすが、重要なのはあくまでも職員層の量的な拡大とそれにともなって機能分化がおこなわれたことである。もう一つの点は、職工にたいする人事部（昔の言葉で労務部）は人事部登場より前から存在したことである。ある一定量以上の人数にたいする労務管理が必要になるという意味では、職工が職員に先行していたのはむしろ、当然であったといえるだろう。

とはいえ、賃金制度についての議論を考える際、戦前において重要なのは職員の人事管理よりもむしろ職工の労務管理である。もちろん、職員の人事管理が重要でなかったというわけではない。たとえば、現代の制度との連続性を考える際には退職金や老齢年金（共済年金）などの福利厚生制度の一部はホワイトカラーからはじまったし、また、現代とは違う賞罰システムはかえって評価制度を別の角度から考える材料になり得るかもしれない。だが、賃金制度そのものの歴史を考える際に重要なのは、職工の労務管理を通じて発展した管理技法である。その点で経営コンサルタントも重要な意味をもってくるのである。

第一次世界大戦期に科学的管理法の摂取においていわゆる「能率技師」が誕生した。この流れは、現代の賃金制度の設計に大きな影響を与えているコンサルタント・グループの源流である。代表的には、日本能率連合会の上野陽一の名前があげられる。上野は戦後、産業能率短期大学を設立したが、一九一〇年代以来、コンサルタントとして、科学的管理法を輸入した。その輸入は概念だけにとどまらず、戦前からみずから職務分析などをおこなった。そのほかに海軍工廠の伍堂卓雄や波多野貞夫のように政府機関関係者もこの大きい流れをつくっていった。伍堂は呉の海軍工廠において積極的に科学的管理法の実験をおこなった。波多野は伍堂の部下であり、戦時中に日本能率連合会と日本工業協会が合併して、日本能率協会が誕生したときに初代会長となり、一九二〇年代後半から三〇年代の不況期にかけて商工省が展開した産業合理化運動のなかでも、指導的な役割を果たした。日本能率協会はいうまでもなく現在でも影響力の大きいコンサルタント・グループの一つである。

「管理の科学」の形成

日本における賃金制度手法の導入史を考えるうえでは、科学的管理法の意味を理解する必要がある。しばしば多くの本ではフレデリック・テイラーによってはじめられた科学的管理法からこの歴史を書き起こす。賃金の分野でみると、テイラーは差別出来高賃金制度を提唱したことで知られている。差別は differential の訳語で、最近では異率という訳語に置き換えられることもある（異率のほうが原語の意味を精確に伝えている）。まず、標準出来高を設定し、その標準出来高に達するまで出来高賃金率を通常の賃金率よりも低く設定しておく。次にそのノルマを超えると、今度は通常の賃金率よりも高い値を設定する。このようにして、労働者にはできるだけノルマ以上の生産に励もうというインセンティブがはたらく。だが、科学的管理法そのものにしても、あるいはそれを包含する「管理の科学」を理解するにしても、賃金という観点からだけで理解するのは不十分である。そこで最初に「管理の科学」がどのように展開してきたのかを振りかえり、そのなかにおける賃金の位置づけを土屋守章の研究をベースに確認していこう。

管理についての最初の文献は一八三〇年代に書かれたチャールズ・バベッジの『機械および製造業の経済について』だといわれている。ほぼ同時代にユアの『製造業の哲学』も書かれた。ユアはイギリスのエンジニア（当時の熟練工）がどのように紡績工場の機械やそのレイアウトの改良を通じて、各工程が有機的に連関する生産過程をつくり出したかを描き出した。こうした本は産業革命がはじまったイギリスで最初に書かれた。だが、「管理の科学」自体はイギリスではなく、その後、一九世紀末のアメリカの中西部、それもエンジニア（技師）たちの研究機関であるアメリカ機械技師協会（American Society of Mechanical Engineers）の研究からはじまった。彼らの問題関心は、工場の作業場で仕事を組織し管理すること、職工の労働を指揮することにあった。

一八七〇年ごろまでアメリカの中西部はその生産を内部請負制度によっておこなっていた。請負人である親方職工はみずからの利益になる能率向上に積極的であり、彼らは製造技術や製造工程の改良に努力を積み重ね、そして独立して工場主になっていた。ところが一八七三年の不況を機に、受注残高が減り、原料の購入価格の引き下げにとどまらず、製造過程においても原価低減への圧力が強まった。請負人への請負単価が下がり、彼らはこれに抵抗した。その結果、内部請負制度自体が原価低減の障害になり、一八七〇年代にその姿を消していくことになった。そして、工場主は生産管理、労務管理、原価計算などあらゆる管理に直面することになった。

一九世紀末葉のアメリカ中西部、ニューイングランドは保守的・流動的・組織的なイギリス的な文化構造をもっていたが、そこに折からの「アメリカ生産方式」が取り込まれていった。アメリカ生産方式というのは、膨大な生産に耐えるための工夫のなかから生まれたもので、互換性部品の生産とある特定品種の生産（通常は、専門化という）を特徴とする。とりわけ中西部では南北戦争による生産拡大を機にはじまった専門化が一九世紀を通じて深化した。たとえば、工作機専門メーカーから旋盤専門企業が生まれ、さらにそのなかからタブレット型旋盤専門企業が生まれるという具合である。このようにして作業が細分化されていった。これは当時のヨーロッパにはみられないアメリカ的な特徴であった。

こうした作業の細分化は熟練の差異による分業を生んでいき、機械の運転は低熟練者がおこない、高熟練者は機械の整備や修理、あるいは機械の工作などの専門的作業にあたるようになっていった。その結果、低熟練の作業は、だれが従事しても、機械によって結果の良質性と均質性が求められる「作業の客観化」がめざされた。人間の作業が数量によって客観的に把握できると考えられた。「作業の客観化」という条件があるところでは、人間のおこなう職務だけを客観的に把握することができ、それを管理の対象とすることができる。ここでは人間は、職務を遂行する機械と代替可能な存在である。

他方、「作業の細分化」は、仕事全体を分析し、各作業を熟練度別に細分化し、労働者の能力を評価して仕事を与えるという管理の仕事を必要とする。要するに部門間の調整である。この全体の統括がむずかしい問題として浮かび上がった。ここに体系的管理運動がすすめられたのである。

科学的管理法の登場

以上のような「管理の科学」の生成史をみると、テイラーの科学的管理法がどのような土壌に登場したのかがよくわかる。まずテイラーの時間研究と弟子のギルブレイス夫妻の動作研究は作業細分化とその客観的把握をおこなうものであり、その点で「作業の客観化」と問題意識を共有している。さらに、テイラーが導入したといわれるライン・スタッフ制度もまさに体系的管理法の必要から生まれたといえる。

もっとも原始的な時間研究とは、決められた作業を遂行するのにどれだけ時間がかかるのかストップウォッチを使って計測することである。動作研究は労働者の一つひとつの動作を解析し、時間研究と併せて同じ作業でももっとも効率の良い動きを確定させることを目的におこなわれる（通称は動作・時間研究）。もっとも効率の良い動きは、言い換えれば、無駄な動きを省くことである。これは労働者を効率的に利用するという側面もあるが、同時に労働者自身にとっても余計な負荷を減らすという側面もある。したがって、動作研究は疲労研究とともに発展してきた。さらに、人間にとって生理的・心理的に負荷の少ない機械をつくることを目的とする「エルゴノミクス（人間工学）」が発展した。

ライン・スタッフ制度とは、作業の計画および指示をするスタッフ部門とそれを実行するライン部門に厳密に機能分化させる制度である。ＱＣ活動が浸透している日本の製造業では、現場が知恵を出さないことなど想像しにくいかもしれないが、厳密なライン・スタッフ制度のもとではラインである現場作業員は作業改良などにはいっさいかかわらない。それはスタッフである専門職（技術者など）の仕事だからである。次いで科学的管理法は一九一〇年代を通じて原価管理と結びつき、管理会計をつくり出していくが、これも一九世紀末葉のアメリカ中西部の機械工業における問題意識を知っていれば、当然の流れにみえるだろう。

科学的管理法を扱うコンサルタントをかつて能率技師と呼んだように、科学的管理法が求めるものは能率であった。能率はefficiencyの訳語であるが、能率という言葉がマイナスイメージをもってくると問題にされて一九五〇年代には効率という言葉に置き換えようとされたこともあった（もともと効率も戦前から使用されている）。一九世紀末には科学による能率と経済性がさまざまな分野で追求された。たとえば、テイラーは『科学的管理法の原理』（一九一一年）の冒頭でセオドア・ルーズベルトが大統領所信表明において「国民的な能率」を重視した点に触れ、それをより具体的なかたちで展開しなければならないと批判している。一八八〇年代から行政（学）の世界でも社会改良と結びつくかたちで能率が重視され、ルーズベルトはそれを国家的な問題ととらえ返したのである。このような流れを踏まえると、第一次世界大戦を機に製造業だけにとどまらず、海軍や陸軍、行政関係にもテイラーの科学的管理法を受け入れる土壌があったのである（教育分野には一九三〇年代に浸透していく）。

能率技師とソーシャル・ワーカー

アメリカの人事部には三つの系統がある。もともと新しい工場生活になじむように福利厚生制度が労務管理のなかでも重要な位置を占めていた時代には、人事部門のになない手は慈善事業の経験者（二〇世紀以降はソーシャル・ワーカー）であった。そこに科学的管理法が出てくることによって、能率技師が台頭してくるのである。これともう一つの系譜が心理学系である。この心理学がいまもなお、人事労務管理のなかでは一大勢力を占めている。

アメリカの慈善事業の専門家たちは企業に人事係として入っていた。その少なくない割合を女性が占めていた。これにたいして一九一〇年代には能率技師がその地位を徐々に奪っていった。日本においても労務管理の手法として慈善事業（ないし社会事業）の手法は利用されていた。人事管理、労務管理、仕事管理などのやり方はその時代の流行から影響を受けることが少なくないけれども、いずれもそのにない手は会社に勤める従業員であり、彼らは専門職として入社していたわけではない。だれもが入社してから勉強したのである。そもそも当時の日本は慈善事業自体が全体的にまだ不十分で、内務省のメンバーやＯＢが啓蒙活動に努めており、慈善事業の従事者が人事係の専従になるという選択肢はなかった。

他方、心理学系が大事なのは、査定において点数化を利用する技法が心理学に端を発しているからである。要するに、現代の人事労務管理に繋がる手法の多くは、もともと一九一〇年代後半から二〇年代にかけて客観的な「能力測定」が探索される過程で人事評価に流用されるようになったのである。日本では歴史的にこうした手法は管理技法としては紹介されていたものの、実際には普及しなかった。

一九七〇年代くらいまでの古い経営学の教科書を読むと、テイラーの弟子の能率技師があまりに人間を機械と同様に扱った結果、それに反対するグループがホーソン実験によって作業方法よりも働く人のやる気がじつは能率に影響を与えることを発見したと書かれている。ホーソン実験に端を発するグループは人間関係学派と呼ばれた。実際に一九五〇年代に日本の労務管理者たち、たとえばその先進的な制度を取り入れていた国鉄などは、こうした枠組みで歴史的な流れを理解していた。

当時は、一方で生産性向上が求められ、他方で人間関係学派的な観点が必要だということが主張されていた。しかし、実際に第一次世界大戦期の日本企業を考えるとき、こうしたストーリーとは別の枠組みでとらえなければならない。そこで、話を単純にするために、日本において科学的管理法の導入と福利厚生制度の充実がどのようにすすんだかについて述べる。

科学的管理法の導入と福利厚生制度の充実

日本において最初に科学的管理法を導入したのは鐘紡であるといわれている。ただし、鐘紡ではギルブレイス夫妻がいわゆる動作研究を発表する以前から、東京工場で同様の研究がすすめられていた。明治三〇年代、二〇世紀初頭のことである。少し遅れて設立された富士紡においても明治三〇年代には時間研究がおこなわれた形跡がある。だが、いずれにせよ、動作・時間研究を網羅的に展開して、各工程の標準動作書をつくっていくのは大正の中ごろの東洋紡がはじめてである。

紡績業における福利厚生制度の充実は鐘紡が早く、科学的管理法の導入とほぼ同じ時期に取り組まれた。同時代には鐘紡のほかにも後に合併して東洋紡津工場となる三重紡績などは温情主義として従業員に手厚い施策をおこなっていたといわれている。ただし、業界全体としては大正期に入ってから福利厚生制度が充実していった。それはおそらく、紡績各社にそれだけの体力ができてきたことを意味している。

紡績企業が福利厚生制度を充実させていった一九〇〇年代から一〇年代にかけて上野陽一の先駆者として宇野利右衛門がいた。大阪を中心にコンサルタント業をしており、全国の工場をまわってその報告書を書いた。とりわけ当時温情主義と呼ばれた社会改良主義的な手厚い福利厚生施設を提供している先進的な事業所を紹介して啓蒙に努めた。また、紡績機械の扱い方などのパンフレットを発行したり、紡績会社のホワイトカラーの人物名鑑を作成したりして、業界のハブ的な役割をになった。しかし、昭和期に入ると、彼の事業は傾いてしまった。

宇野は住友系の企業や大原孫三郎に影響を与えたといわれており、実際、さまざまな工場で講演活動をおこなったが、紡績業のような最先端の生産管理および労務管理を展開していたところに実務レベルで影響を与えたとは考えにくい。むしろ、宇野は労働基準法のもとになった工場法が施行されるにあたって、施行前年に多くの説明会を開いた点に功績がある。その後、そうした流れを主管官庁の農商務省が引き取って説明会をやるようになった。また、一九一〇年代には各地域で工場懇談会というかたちで、主として福利厚生制度などの施策の勉強会がホワイトカラーのあいだでもたれるようになっていった。こうした流れとは別に社会改良的な社会政策については内務省も支援しており、講演会は地方改良運動などの流れで継続していた。このようななかでは宇野の役割は相対的に減じざるを得なかったのだろう。

こうした工場懇談会は業界別というよりも地域別におこなわれた。大正期は明治維新以降に導入された工場や学校などの新しい制度をどのように社会に適応させるかということが考え直された時代である。その意味で産業を超えて労使関係なども含めた福利厚生施設の模範工場が重要な役割を果たしたのである。ただし、この時点では能率技師などのコンサルタントは工業分野においては専門職として一業界を成立させるまでにはいたっていなかった。ちなみに、農村コンサルタントは江戸時代から存在していた。能率技師が本格的に活躍するのは一九三〇年代以降である。

科学的管理法の成果と賃金

科学的管理法の研究は、海軍工廠や三菱電機、あるいは現在トヨタ生産方式として世界で範とされているトヨタ自動車でもおこなわれたが、戦前、多大な成果をあげたのは紡績業のみであった。それも本格的に研究がはじめられてから一〇年くらい経った一九三〇年代から明確にその成果がわかるようになった。具体的には労働者に占める女性比率が七割くらいから九割近くに上昇したことによる。女性比率の上昇は訓練期間が短くなったため、さまざまな職種に女性が進出した結果である。

テイラーの理念によれば、時間・動作研究は one best way を発見することに究極の目標がおかれる。しかし、実際には時間・動作研究を徹底して標準作業を設定しても、すぐに次の作業改良がめざされるため、いつまで経ってもただ一つの理想的な作業は完成しない。むしろ、時間・動作研究の強みは、従来からおこなわれていた作業を可視化させることで、入職レベルでの訓練を容易にする点にある。だからこそ、結果的に圧倒的多数が三年以内に辞める紡績業においてこそ効力を発揮したのである。

紡績業は明治の勃興期には圧倒的な短期勤続で、高い募集費をかけて地方の農漁村から労働者を連れてくるため、一年ないし二年の雇用契約を結んでいた。それでも半年以内に辞めてしまうものが大多数であった。雇用契約は大正期には三年に落ち着いていた。このころになると、数年で農村に帰村する者もいたが、継続して勤続する一〇年戦士も各企業に現れていた。ここにおいては勤続奨励のはずであった期間契約の意味がまったく逆転し、景況に応じて契約継続者数を増減させる緩衝機能や、過激な労働運動家の雇い止めに利用するようになった。このようなことが大きな社会問題にならなかったのは、圧倒的多数の賃金労働者が食糧をなんとか確保して生きていくことができる農村という故郷と繋がっていたからである。

紡績工場での賃金制度の実態はいまだ圧倒的に実証研究が不十分で、ほとんどの工場でどのような制度が実施されていたのかわからないことのほうが多い。ただ一つ明らかに指摘できるのは、賃金形態は工場内で職種ごとに異なり、場合によっては同一職種内においても異なる賃金形態を採用していたことである。とりわけ出来高賃金は複雑である。紡績業の賃金実態調査は桂皋《たかし》が協調会の雑誌『社会政策時報』に発表した「紡績業労働事情調査報告」に詳しいが、これも各工場の賃金制度の共通する特徴をわかりやすく丸めて整理しており、この報告書を書く前に彼が調査した工場別の報告書（法政大学大原社会問題研究所所蔵）にあたれば、さらに各社の工場ごとの詳細な制度を発見することができるだろう。なお、織物熟練工である細井和喜蔵の『女工哀史』の賃金に関する記述もやはり一般向けに「紡績業労働事情調査報告」レベルで書かれている。

なぜ出来高賃金を複雑にできるかといえば、大前提として個別の作業についての解析ができていることがある。大雑把にいえば、個別の作業が全体（少なくともチーム）の能率にどのような影響を与えるのかがわからなければ、それを賃金と結びつけることができない。たとえば、一九一〇年代後半に富士紡川崎工場の精紡科で従来の集団出来高給制度の改良を試みたテスト・ケースの記録が残っている。集団出来高給は二〇人ほどのチームにたいして原資が支払われ、その分配は入職時から査定によって決められる個人ごとの「等級」に応じておこなわれる。改革案の骨子は、この「等級」を廃止して、各人の毎月の成績に応じて標準出来高（各人のノルマ）を定めることにあった。これを可能にしたのは動作・作業研究を前提にした標準出来高制度の設定である。こうした賃金制度の改革案は現場のエンジニアの創意工夫によってつくられた（人事がかかわるのはそれを実現する段階になってからである）。

コラム③

近代的労務管理と安全運動

イギリスで本格的な工場制度が登場して以来、19世紀を通じて欧米の工業力は飛躍的に発展した。各国では工場管理が重要な課題として登場し、さまざまな試みがなされてきた。そのなかで世界的に大きな影響力を与えたのはアメリカである。おそらくアメリカ発の管理手法としてもっとも多くの人が知っているのは科学的管理法であり、もう少しアメリカの労務管理史に興味のある人は福祉資本主義をあげるだろう。じつは上野継義の画期的な研究によって、その２つを繋いだ安全運動をそこに加えるべきであることが明らかにされている。この３つのうち、日本では科学的管理法を中心とした生産管理および安全運動は広く製造現場に定着している。

安全運動が革命的な点は「無謀、命知らず、危険にさらされていること」が称賛の対象であった当時の労働者の価値観を180度ひっくり返したことにある。たんに労働災害を減らすことによって人間の命を守るだけではなく、機械の保全にもつながるので、会社側にアピールする性格をもっていた。同時に、安全運動はキリスト教の福音主義を背景にした社会改良主義思想を基盤にして、実際、福利厚生施設を充実させることによって労働者を教育しようとする福祉資本主義の一つとして展開した。これらの運動はセイフティマンと呼ばれる専門家によって展開された。

後世からみると、20世紀初頭は欧米において学校や工場などの近代の諸制度が整備されてきた時期で、そのやり方は各国で工夫されていた。同時代の1920年代に日本でも労働災害の防止を企図して、内務省社会局が中心になって日本工業倶楽部を媒介に各社の担当者に呼びかけ、安全に重きを置いた機械の規格づくりがおこなわれた。1950年代の生産性運動で本格的に普及されて以来、現在にいたるまで安全運動は製造現場において重要なトピックでありつづけている。

第4章 日本的賃金の誕生

一九二〇年代から労務管理手法が開発されるとほぼ同時に、現実的な労使交渉が少しずつおこなわれはじめた。戦前に開発された賃金管理の知恵が集められたのが戦時期の賃金統制の時期であった。日中戦争が始まった時期に議論された生産性の追求、生活の安定などは、日米戦争が開戦するといったん後景に退き、皇国勤労観にもとづく日本的賃金論になる。そこにいたるまでの過程を追うことで、忘れられた高度な議論にもう一度光を当ててみよう。

「日本的賃金」

日本的賃金というと長いあいだ、人々が連想したのは年功賃金であった。簡単にいえば、勤続を重ねるごとに賃金が右肩上がりのカーブを描く賃金である。もう少し具体的にみれば、査定によって改定される基本給をベースに構成されていることが注目される。年功賃金をどのように理解するのか、年功賃金は生活費によって決まるのか、あるいは能力によって決まるのかということは戦後、数十年にわたって繰りかえし議論されてきた問題であった。ただし、ここで確認したいのは「日本的賃金」が「日本的労務管理」などとともに第二次世界大戦中につくり出された概念であったことである。実際、一九三〇年代の賃金の教科書を読むと、年功的賃金は海外でもみられる賃金制度（形態）の一つにすぎなかった。

ミクロな企業別の賃金制度とマクロな国家単位の賃金制度の問題がしばしば混同して議論されてきたことに、私は賃金の議論が正確に理解されない原因があるのではないかと考えている。そこでまず回り道だが、「日本的」という枠組みを相対化するために、戦時賃金前夜に問題になったソーシャル・ダンピング論からみていこう。

ソーシャル・ダンピング論

「日本」というとらえ方がもっとも自然なのは他国との比較においてである。戦後の日本的賃金論の核になったのは低賃金論であったが、その起源はイギリスからのソーシャル・ダンピングという批判にあった。第一次世界大戦を契機にイギリス綿工業が日本製品に押されていくようになり、これを脅威に思ったイギリスは、日本が不当に賃金を低くして不正競争を展開していると批判し、国際問題化したのである。ダンピングはかつては廉売と訳された。「廉」は安いという意味である。

世界史的な観点からみると、第一次世界大戦によって世界の盟主は大英帝国からアメリカに転換した。国内市場が大きいアメリカに対し、海外市場の比重が重要なイギリスにとって戦争を契機に新興国にイニシアチブを握られることは由々しき事態であった。このことが戦争で疲弊したイギリスを代表としたヨーロッパ諸国をブロック経済化に向かわせる原因となった。その意味で歴史的にはソーシャル・ダンピング論そのものの帰趨も重要だが、日本にとってはこの議論が一九二〇年代後半にコミンテルン（共産主義政党の国際組織）からの指導に引き継がれ、国内の社会科学者にも多大な影響を与えたことで、その後、日本の賃金の特徴として低賃金構造が理解される契機になったことが重要である。

なぜ、そのことが重要なのだろうか。それは学説レベルで戦後、賃金の議論が盛んになり、主要な議論がそろう一九七〇年代ごろまで、この認識が、賛成するにせよ反対するにせよ、議論の前提になったからである。このような低賃金であることが社会全体で共通認識とされている時代には、内容が多少不正確であっても、賃上げ要求の根拠として説得するのが容易である。しかし、そうした共通認識がない現代のような時代には、ある賃金がどのような賃金と比較して低いかをしっかりと提示しないと、説得力のある賃上げ要求の論理を構築することができない。だからこそ、ていねいに相対化しておく必要があるのである。

低賃金論としての日本の賃金

低賃金論はイギリスからの「ソーシャル・ダンピング」批判によって端を発したものである以上、最初からプロパガンダ的性質を帯びていた。国内で戦前から一九七〇年代にかけて活躍したエコノミスト・高橋亀吉がただちにこれに反論した。戦前の同時代の雑誌に書いた高橋の議論は『ソシャル・ダンピング論』(千倉書房、一九三四年)にまとめられている。その結論は、日本は不公正な競争をしているわけではない、ということに尽きる。ただし、結論にいたるまでの高橋の議論は捻じれた論理構成になっている。

高橋は日本の綿業の特性と日本全体の特性の二つの方向から論じた。第一に、対イギリスとの文脈においてソーシャル・ダンピングを明確に否定する。紡績企業では相対的に年少の女性労働者が多いことを前提にしているため、一見賃金が低いようにみえるが、福利厚生を手厚くしており、トータルの労務費で考えると、必ずしも安くない。この議論の立てかたは海外にむけてだけではなく、その後の紡績関係者(例―関桂三、進藤竹次郎)が国内の批判に応えるときにも引き継がれた。そのほか、為替や購買力平価の問題にも触れているが、それはここでは触れないことにしておこう。第二に、最初とはまったく逆に、日本の低賃金構造を認め、その原因を農村や中小工業が控えているからであると説明した。

第一の論点については、山崎広明の「日本綿業構造論序説」(『経営志林』第五巻第三号、一九六八年)によると、一九六〇年代以降の海外の研究では日本の賃金がイギリスと比べて、必ずしも相対的に安くなかったことが実証されている。近年の繊維産業史研究に携わる者にとって、そのことは常識的な見解として共有されている。日本の繊維産業の低賃金の印象を決定づけたのがかつての社会科学のバイブルであった山田盛太郎『日本資本主義分析』(岩波文庫)で広く知られるようになった日本の賃金が「印度以下的賃金」であるという表現や、『女工哀史』、映画にもなった『あゝ野麦峠』のサブタイトル「ある製糸女工哀史」が影響していると思われる。

繰りかえすが、ソーシャル・ダンピング論は、イギリスの主張では日本の低賃金が問題にされたけれども、本質的には両国の貿易問題であった。高橋はそれを知りながら、あえて低賃金を議論の中心に据えた。その背景には一九一〇年代から二〇年代にかけての深刻な日本国内の社会問題があった。第一次世界大戦による好況は一方で船成金を生み出したが、他方でインフレによって多くの賃金労働者の生活を苦しくさせることになった。さらに、一九二〇年の反動不況をきっかけに農村の生活問題が深刻になった。賃金で生活の糧を確保していく以上、賃金の低さは生活問題として重要であったのである。このような特徴は戦後、大企業と中小工業の格差、二重構造論として脚光を浴びるようになる。

いまではほとんど顧みられることがないが、一九五〇年代から六〇年代にもっとも多くの人が支持していた説は、年功賃金を低賃金構造と結びつけて説明していた。若年層は将来、家庭を形成する時期には、十分な賃金に上がることを期待して、現状の低賃金（水準）を受け入れているというのである。しかし、一般的にいって、国家レベルのマクロの賃金水準の問題からミクロレベルの企業の個別賃金制度を説明するのは困難である。具体的にいえば、イギリスが批判した戦前日本の紡績業が仮に低賃金であったとしても、そのことから紡績工場、それも職場ごとに日給と出来高給が混在していたこと、そしてそれに改定が加えられていたことを直接、説明できない。しかし、同時に賃金においても「日本」という枠組みがソーシャル・ダンピング論によって説明されたことは無視し得ない。このこと自体がある意味では、戦時日本的賃金論や戦後の賃金論を受け入れる土壌をつくったからである。

戦時日本的賃金論

戦時日本的賃金論は賃金統制の主管官庁である厚生省が賃金の理想として推進した賃金制度である（「賃金形態ニ関スル指導方針」）。その内容は工員月給制度である（これを基礎に三割程度の「奨励加給」「年功加給」を認めた）。じつは、厚生省がどれだけ「賃金形態ニ関スル指導方針」を喧伝しても、とくに法的拘束力はないので、企業がこれを採用しなかったからといって違反になるわけではなかった。したがって、これによって大半の企業が賃金制度を改定したというわけではない。しかし、厚生省の指導を通じて、この制度を採用した企業もいくつかは存在したことも事実である。

戦時期における賃金指導の中心人物が「賃金形態ニ関スル指導方針」を作成した金子美雄である。

金子は厚生省に技官として入省し、戦時から戦後にかけて賃金政策をリードした。戦後に形成された金子グループには孫田良平、佐々木孝男、楠田丘、弥富賢之などコンサルタントとして活躍した人だけではなく、賃金研究や政策にも大きな影響を与えた人物が含まれている。金子は戦後、民間企業の労務担当者（日本鋼管の奥田健二や三菱レイヨンの丹生谷龍など）を集めて研究会をおこない、その成果は賃金関係の本として現在も定評を得ている（昭和同人会編『わが国賃金構造の史的考察』至誠堂、一九六〇年など）。

話を月給制度にもどすと、月給制度にはそもそも複数の種類がある。第一は、日給月給制度であり、賃金の支払い基準は日給にある。基本的には各人の日給をベースにして労働日数を乗じたものが月に一度、支払われる。賃金は労働の対価であるので、欠勤した分は支払われない。第二は、月給日給制度である。この制度では賃金の支払い基準は月給にあるが、原則的に欠勤・遅刻・早退などの分は月給から差し引かれる。欠勤は無休が原則だが、有給休暇によって給与（賃金）を支払う仕組みが制度化されている。現在、月給制度として広く普及しているものはこの制度である。第三は、完全月給制度（月俸）である。これは欠勤・遅刻・早退などにたいしていっさいの控除がおこなわれずに、月に定額の賃金が支払われる。工員月給制度はこの完全月給制度であった。

工員月給制度は一九四一年末ごろから表向きには皇国勤労観を前面に押し出して推進された。皇国は天皇陛下を頂点として日本国家全体を（疑似）家族とみなす立場にあり、勤労は労働によって国家（天皇を中心とした家族）に奉仕するという考え方であった。ここにおいて工員月給制度は一か月の家族生活を保障する制度（家族賃金）として称揚されたのである。次に、賃金制度という観点からなぜ工員月給制度が重視されるにいたったのかという背景について考えるが、ここで確認しておくべき重要な点はこれを機に「日本的」賃金という発想が定着していくことである。

戦時日本的賃金論の前提①――「能率」思想

日本的賃金論が形成されるまでには、二つの大きい流れがある。それは後に詳細にみるように、科学的管理法に裏打ちされた請負賃金（出来高給）と生活賃金である。出来高給と生活賃金の二つをめぐる議論は、年功賃金論で展開された仕事（≒能率重視）か生活かといった議論とも共通するところがある。これは時代を超えて何度も繰りかえされる賃金を考える二大軸であるといってよい。

能率と生活は対立してとらえられることが少なくない。それは実際に、企業経営の効率（≒生産性の上昇）といった問題と従業員の便益（benefit）であるプライベート・ライフの充実という問題が現実の局面においてしばしば対立するからにほかならない。それは歴史的にも労使交渉の主戦場の一つであった。しかし、ここで見逃してはならないのは、近代において「生活」は「能率」と深く結びついていたという事実である。そのことを知るためには私たちは社会改良主義を知らなければならない。

結論からいえば、社会改良主義は国民的効率（National efficiency）と結びついていた。友愛会の社会民主主義的労働組合のモデルであるイギリス流の労働組合についてはじめて体系的な著作『産業民主制論』（一八九七年）を書いたウェブ夫妻は、社会改良主義を国民的効率という観点から議論した代表的論客でもある。江里口拓「ウェブ夫妻における『国民的効率』の構想」（『経済学史研究』第五〇巻一号、二〇〇八年七月）をもとにウェブ夫妻の効率の考え方を整理してみよう。

ウェブ夫妻は国際分業を通じて自由貿易が世界経済全体に有益であるとみる。ただし、それは各国が効率および潜在能力をもっともすぐれた産業を維持するために行動するという条件を必要とする。しかし、国際価格競争の強い自由貿易のもとでは雇い主は生産費が低廉な産業を選択する傾向があり、比較優位によって苦汗産業（異常な低賃金、過度労働および不衛生な作業環境の産業）が優位に立つことがある（J・S・ミル『経済学原理』一八四八年）。苦汗産業が労働コストを安価に抑えられるのは労働者の所得が他者から援助されるか、労働の正常な再生産費を支払っていないからである。すなわち、国民的資源である労働力を長期的に消耗させ、「産業進歩」に寄与する基幹産業の成長を阻害することになる。これを阻止するためにはナショナル・ミニマムを設ける必要がある。つまり、苦汗産業での賃金の引き上げ＝労働条件を上げることが競争力の向上にもつながり、世界全体の効率にも寄与すると考える。彼らの議論が愛国主義者たちとも親和性を保ち得ることは明らかだろう。そして、産業主義的な効率を追求することと、労働条件（生活）を上げることが軌を一にしているのである。

この一種の進歩思想は、アメリカの社会改良主義にも共通している。それが第3章でも紹介したルーズベルトの「国民的能率」の議論である。社会改良主義には、社会に不適合な者、ないし社会にいまだ適合していない者を矯正し、より社会の構成員として望ましい状態に適応させることを進歩ととらえる視点があった。アメリカでいえば、移民にたいするアメリカナイゼーションはその端的な例であろう。第一次世界大戦による徴兵制度で多くの教育を受けていない者が発見され、アメリカ市民になるための教育の必要が認識されたのである。日常的な生活を送ることが困難な貧困者に矯正を施し、日常生活者に復帰させるというのも社会改良主義の大きな特徴である。大雑把にいえば、生活指導である。

日本における農村の地方改良運動や都市の感化救済事業もこのような社会改良主義の影響を受けている。地方改良運動のなかで重要な役割を果たしたのが、模範的人物や模範村（工場）などの表彰や、過去の偉人（いまの人が生きるためのモデル）の顕彰事業などである。これらの顕彰対象は古今東西を問わなかった。逆にいえば、明治に入ってから忘れられていた日本人の顕彰もこの時期以降におこなわれ、新たに日本の伝統と理解されるようになっていった。このような歴史的現象を歴史学者のホブズボームは「伝統の発明」と名づけた。

いずれにせよ、生活改良（生活指導）は労務管理における教育（統治）の問題とも重なりあっており、その背景には能率思想に裏打ちされていた進歩主義が存在していた。こうしたことは生活賃金とも重なりあっているのである。

戦時日本的賃金論の前提②——能率賃金＝科学的管理法の探求

戦前の職工の労務管理を考える際には、当時の職工の行動原理を知る必要がある。彼らの多数派の行動パターンには素朴な経済学が理論的に前提にしてきた二つの条件が当てはまる。一つは機会主義である。機会主義とは簡単にいえば、隙をみつけてはサボることである。労働者は働くこと（＝労働labor）よりも休むこと（＝余暇leisure）を好む。もう一つは限界効用逓減の法則である。人々は財や消費を受けとるときに一定の心理的満足を得るが、この満足を経済学では効用（utility）と呼び、人間が効用を最大化する行動を基本原理としてもっていると仮定している。たとえば、娯楽を含めた日常生活を送るのに十分な賃金が得られると、それ以上の賃金を得る効用が減る。わかりやすくいえば、必要な賃金を稼いだらその後は休んだり、遊んだりしたいということである。

一九世紀のアメリカ機械技師協会（ＡＳＭＥ）の時代から、出来高賃金の基本はどうやって生産を増やすかという問題意識があり、そのために労働者が生産するインセンティブをどう効率的に与えるかということにあった。わかりやすくいえば、もっとも単純な出来高賃金は賃金率（単価）と仕事の出来高を掛けあわせたものである。出来高を増やせば、全体の賃金収入が増える。収入が増えれば、労働者は喜んで仕事をする、というのがその基本的な考え方である。この出来高賃金は第3章までで も紹介したように、仕事内容をどのように評価するかで無数のパターンがある。その工夫が各職場で何十年もかけておこなわれていた。

一九三〇年代後半、戦争の足音が近づいてくると、日本の産業構造は重工業化にむかっていった。その結果、起こったのが熟練工の奪い合いである。当然、労働需要が供給を上回るので賃金は高騰し、労働者はより高い条件を求めて移動し、労働者（熟練工）不足が生じる。次いで、単価の上がった熟練工は仕事の量をコントロールする。それは機械の稼働率の低下も引き起こすことを意味する。

　熟練工が不足したときに取り得る対応は二つであろう。一つは熟練工を育成し、その数を増やす。第二に、根本的な仕事のやり方を変えてしまい、熟練工でなくても、生産に従事できるような新しい体制をつくりあげることである。戦時期に日本能率協会によって唱えられたのがこの第二の道であった（会長は波多野貞夫）。

　根本的な仕事のやり方の変換というのは、時間・動作研究を含む職務分析によって作業を可視化し、それを系統だって整理することである。第3章でも説明したように、これによって既存の内容については訓練が容易になる。このとき、さらに一人あたりの習得する範囲を特定化（＝専門化specialized）することで一人前になるまでの期間が短縮される。このことを単能工化という。これに比べて従来の熟練工は、一人で複数の作業をおこなうという意味で多能工であった。

　もちろん、標準化されていない作業を習得するのにも時間がかかるし、単純に複数の作業を習得するならば、それだけ余分に時間がかかる。逆に、単能工が多能工にたいして不利な点は、作業間の関係を理解することができないことである。たとえば、隣の職場に欠員が出ても、その作業を身につけていない職工は代わりを務めることはできない。一九八〇年代以降、日本の製造業が高く評価され、とりわけトヨタ自動車の多能工が注目されたが、もともと熟練工はどの産業でも多能工であった。逆にいえば、多能工というとらえ方は、科学的管理法の導入および研究の進展によって単能工という考え方が広まるにつれ、それに対比されるかたちで特徴づけられたのである。戦時期においても多能工の利点は現場では重視され、それはいまにいたるまで継続している。

ただし、時間・動作研究を含む職務分析を実施すると、標準作業量を設定することができる。このことが意味するのは機械と人間の投入量さえ把握すれば、可能な生産高が計算できるということである。生産管理という観点からは個々人のインセンティブで生産量を変動させるよりも、トータルでよりきめ細やかに生産量をコントロールするほうが合理的になる。なぜなら、生産増加は在庫費用のリスクを抱えることになるからである。ここにおいて出来高によって変動する出来高賃金ではなく、個々の労働者の差異はきめ細かい査定によってつける定額賃金のほうがフィットするのである。これを後に戦時日本的賃金論において工員月給制度が主唱されていく理論的な背景とみることができるだろう。

賃金統制のあり方を検討する中央賃金委員会において、この点を議論したのが三菱重工の斯波孝四郎と日本能率協会の波多野貞夫である。斯波は出来高給、波多野は定額給（月給）を主張した。理論的にはどちらが正しく、どちらが間違っているとはいえない。（当時の）情勢判断の違いが採るべき選択肢を分けただけのことである。ただし、斯波は波多野の議論にたいして重要な指摘をしていた。すなわち、波多野の提案（科学的管理法による）はマネジメントを前提にしているが、実際、現場でそんなむずかしいことをできる企業はかぎられている。したがって、従来の熟練工中心方式を急速には代えられない。歴史を振りかえると、育成に関しては斯波の判断が正しかった。斯波が指摘した問題、どんなに優れた経営手法であっても、それを正確に理解し、実行する人を得なければ、成功がむずかしいというのは現代でも中小企業などが新しい手法を導入するときに絶えず生じている。

戦時日本的賃金論の前提③——生活賃金

生活賃金の系譜は、第3章で紹介したように、その起源を友愛会が提唱した生活賃金に求めることができる。彼らに科学にもとづく技術的根拠を用意したのは高野岩三郎の家計調査であった。もちろん、家計調査以前から経験的に賃金が生活の糧であることは知られていたし、経済学の世界では学説として「賃金生存費」仮説が存在していた。たとえば、古典派の代表的な経済学者であるデビッド・リカードは「Labour の価格（賃金）は labourers をして種を保存し、存続できるに必要な額」（抄訳）であるといった（『経済学及び課税の原理』一八一七年、第五章）。ただし、リカードが念頭においた一九世紀初頭のイギリスにおける labourer は不熟練労働者の意味であったことには注意が必要である（熟練工ではない。熟練工は一般に workmen と呼ばれる）。もちろん、リカードの説には先駆者も存在するし、その後、彼の議論を発展させた学説も多数存在するが、ひとまずそうした学説は措いておこう。ここでもっとも大事なことは、戦時期から一九六〇年代にわたって生活賃金が人々の関心を引いたことであり、その問題意識にもとづいて戦時日本的賃金論における生活賃金の意味をとらえておきたいからである。

高野調査以降、家計調査は大量に蓄積されていった。あまりに大量の調査がなされたので、当時、高野が所長を務めた大原社会問題研究所の調査員であった権田保之助は一九二〇年代の同時代を評して「家計調査狂の時代」と呼んだ。家計調査は高野岩三郎をはじめとした学者グループによって先導されたが、すぐに民間企業や東京市、大阪市、名古屋市などの大都市もつづいた。これは一九二〇年代の不況のなかで労働者の生活実態を把握することが政策的に重要であったためであるが、同時に臨時の統計調査員という仕事自体が失業対策であるという一面をもっていた。のちに、こうした大都市の統計調査を担当した役人から二人の在野研究者が誕生した。小島勝治と安藤政吉である。日本全体の賃金に影響を与えたのは安藤の方であった。

安藤政吉は東京市で統計の実務を担当していたが、そのときの経験と個人的な資料収集をもとに研鑽を積み、一九四一（昭和一六）年に『最低賃金の基礎的研究』（ダイヤモンド社）を発表した。この本は現代でもなお生活研究の古典である。発表時、安藤は日本能率連合会主事の立場にあり、のちに労働科学研究所に移った。日本能率連合会は一九四二（昭和一七）年には日本工業協会と合併して日本能率協会になる。また、労働科学研究所は一九二一（大正一〇）年に設立以来、医学的な立場から心身両面の疲労研究を主におこなっており、敗戦後から一九五〇年代にかけて、とりわけ藤本武を中心に賃金について大きな発信力をもつことになった。安藤はその少し前の時期に所属していたことになる。

現代では疲労研究から生活費、そして賃金を連想するのはむずかしいが、当時は労働にかかるエネルギー（カロリー）を客観的に把握し、労働者（家族）が一か月に必要な摂取カロリーから生活費を算出するという試みがなされており、そこからさらに賃金を算出するという理論的つながりがあった。これは労働者＝工場労働者＝肉体労働者という発想から考えられたものであろう。

安藤に先立って呉海軍工廠の伍堂卓雄が一九二一（大正一〇）年二月に「職工給与標準制定の要」を発表している。ここでの賃金論の眼目は、ライフ・ステージが上がるごとに生活費が増加するので、これにたいして賃金を増額させるということである。昇給の基準に物価のインフレ率や本人の技能の上昇ではなく、生活費の増加に応じるとしているところが特徴的である。ただし、こうした構想が実施されたかどうかは定かではない。とはいえ、家計調査がはじまった当初はある一時点（ひと月）の生計費の研究が、この時点ではライフ・ステージという長期視野に発想転換されていることは賃金思想史上、注目すべきことである。なお、伍堂は波多野貞夫の直属の上司であり、彼らはともに科学的管理法の実践的研究の第一人者でもあった。伍堂はみずからの海軍工廠の職工だけを対象にしたが、安藤の研究は軍人や教師など職業別、年齢と家族形態別に詳細に分析しており、各属性の家庭のライフ・ステージごとの最低生活費を算出した。ただし、安藤は昇給において査定を認めている。生活費が考慮されるのはあくまで最低賃金であり、そのうえに差がつくことを否定していない。

本書で安藤が日本能率協会の前身の日本能率連合会に所属したことを重視したのは、日本能率協会が発行した「能率ハンドブック」が戦後の電産型賃金体系をつくる際の参考資料になったからである。ここでは詳細に検討しないが、戦時期にはじつに数多くの賃金論がでそろっていたのである。ただ、その詳細は第５章で賃金体系を考える際に改めて振りかえることにする。

賃金カーブによる年功賃金――「標準賃金」

もう一つ、日本的賃金論における生活賃金という観点からみると、賃金統制について注目すべきことは「標準賃金」という考え方が登場したことである（第二次賃金統制）。正確にいうと、考え方というよりも「標準賃金」を作成した手法自体がその後の年功賃金の考え方に大きな影響を与えたと考えられるのである。ただし、「標準賃金」はあくまで指導方針の一つであって、政策実務上、なにも効力をなさなかった。

戦時賃金統制を技術面からみると、全国の労働者の賃金という膨大なデータを分析したという点で画期的であった。具体的には、IBM社のパンチカードを使ってはじめて解析をおこなった。「標準賃金」とは収集した労働者の賃金（各プロット）をもっとも説明できる「方程式」である。実務的には性別、業種別、職種別に算出された。実際の方程式をみてみよう（図参照）。いま、単純に$Y=A+BK$として、Kを説明変数とする関数とみるならば、係数のBがプラスであれば、数学的に賃金カーブが下がることは考えられないだろう。すなわち、年齢が上がっても賃金は下がらないのである。

厚生省はこうした賃金を、生活費を支えるという意味で「社会政策的賃金」と呼び、政策的な指導概念としたのである。要するに、一時点の賃金分布を個人のライフ・ステージに擬したのである。戦後には、縦に賃金額、横に年齢（ないし経験あるいは勤続年数）をとった一時点の賃金カーブを年功賃金とみる考え方が定着していく。

K

図　標準賃金

第一階級府縣（男子）　業種　金属工業　機械器具工業　職種15　旋盤工、タレツト工、中グリ工、研磨工、ボール盤工、平削工、フライス工、歯切工、特殊機械工

$$Y_{(x)+t}=A+B\frac{kt}{1+kt}$$

$$A=-230.3+17.13x-0.4346x^2 \quad B=\frac{1}{0.000643+0.0000871x} \quad K=\frac{643+87.1x}{26785-477.9x}$$

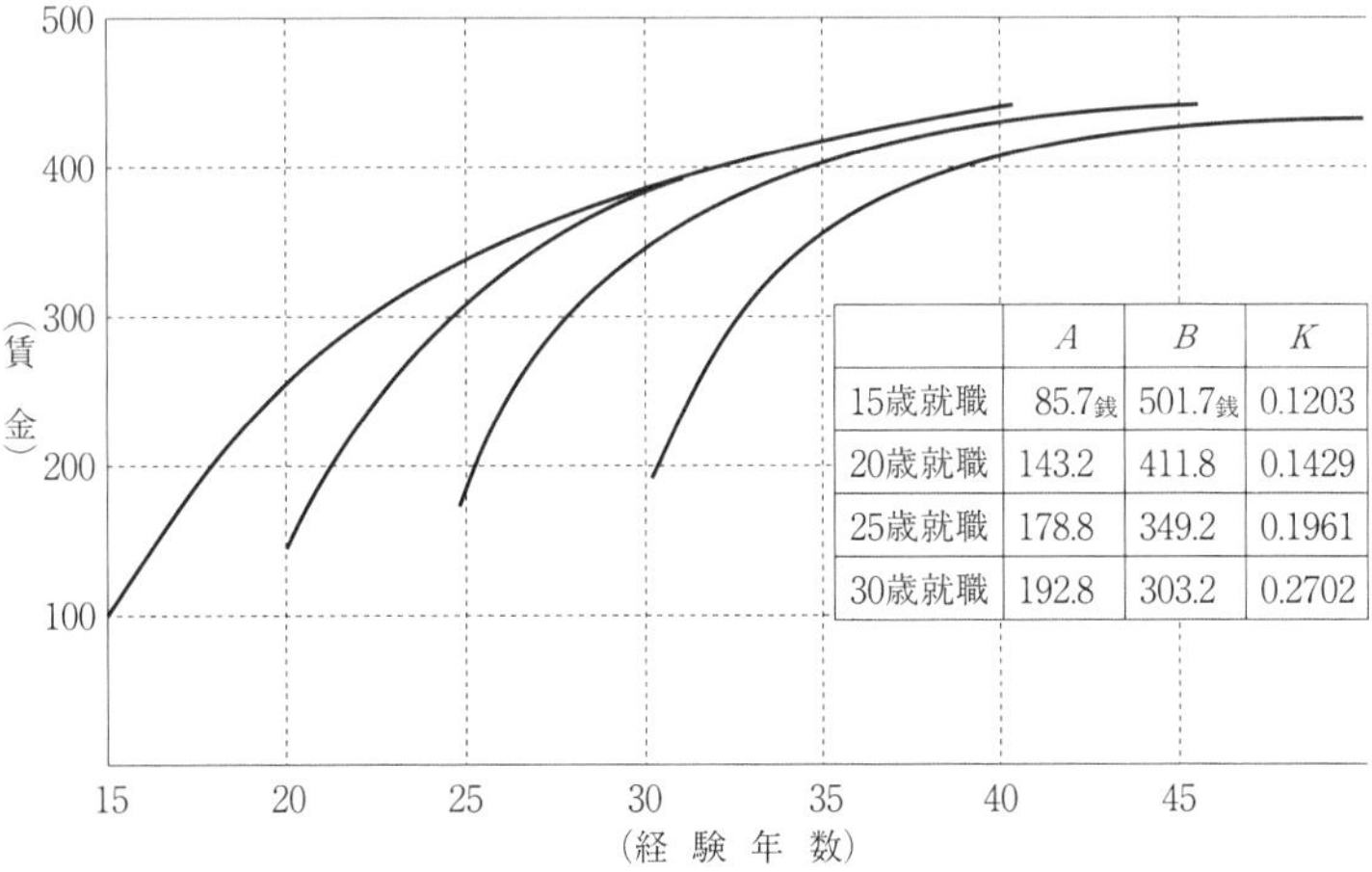

	A	B	K
15歳就職	85.7銭	501.7銭	0.1203
20歳就職	143.2	411.8	0.1429
25歳就職	178.8	349.2	0.1961
30歳就職	192.8	303.2	0.2702

このときの数値は実際の統制に使われたものではなく、東京府のある工場のパイロット調査である。なお、数値とグラフに不整合がみられるが、数式から判断するかぎり、グラフの形状はほぼ同じと考えられる。以下、数式の説明を要約する。

・Y は標準賃金額、A は初給賃金、B は昇級限度、あるいは昇給率を表す。

・$(x)+t$ において、(x) は初就職年齢、t は勤続年数（あるいは経験年数）。したがって $(x)+t$ は現在年齢を表す。

・$\frac{kt}{1+kt}$ は曲線の曲がり工合を示す。短期間で技術がどんどん上達する職種、旋盤工では k の値が大きくなる。このように k は職種の質で異なる。

出所：大西清治「標準賃金制と賃金総額制限について」『賃金統制に関する法規並解説』全国産業団体連合会事務局、1940年12月、解説29-30頁。

日本的賃金論

日本的賃金論が戦時期の日本的労務管理論とともに登場してきたとはいえ、その後の歴史で現在にいたる重要な役割を果たしたのは日本的経営論である。日本的経営論の起源は一九五八年に発表されたジェームズ・アベグレンの『日本の経営』にあると一般的にいわれている。アベグレンは日本的経営の特徴として三種の神器、すなわち終身雇用、年功的賃金、企業内組合をあげた。これらの特徴は経済の好況や不況によってその評価がプラスに転じるかマイナスに転じるかの差はあっても、日本的経営論のなかは常識として語られてきた。アベグレン自身、一九五八年の版では否定的に語っていたが、高度成長以後の一九七三年の新版では肯定的に語っている。アベグレンの研究は当時の日本の労使（資）関係研究に負っているところが大きい。

一九九〇年代後半から二〇〇〇年代前半にかけて起こった成果主義導入によって、年功賃金のいわゆる年功的性格への評価が否定的になされるようになり、賃金改革が新しい制度導入の目的とされるようになった。こうした流れにたいする反論を書いたのが高橋伸夫『虚妄の成果主義』（日経BP社、二〇〇四年、現在はちくま文庫）である。高橋はトータルな人事システムとして年功制を再評価し、給料によって報いるシステムではなく「次の仕事の内容で報いるシステム」と肯定的な評価を与えた。高橋の議論は成果主義賃金の導入の流れに反発する多くの人たちに広く受け入れられ、この本は二〇〇四年度のビジネス書のナンバーワン・ベストセラーになった。

経営学のなかでは心理学の影響を強く受けた流派が存在する。高橋はそのなかでは主流派ではないが（むしろ、それに反旗を翻している）、学界の大きな動向を踏まえて第3章を書いており、オーソドックスな説明になっている。学説は、日本の制度そのものの成り立ちを説明してくれるわけではないが、存在する制度の説明をある方面からしてくれるものである。その一つの重要な流派を学ぶ手段として『虚妄の成果主義』第3章を読むことをお勧めする。

コラム④

賃金とプロパガンダ

アメリカの作文教育では事実と意見の区別を徹底させるという。日本の作文教育は、19世紀末から20世紀初頭に興隆した、体験を重視する新教育の流れを汲む「生活綴方」が主流である。しかし、事実認識とそれにたいする解釈を分けてとらえることは、賃金に関連する問題を考えるうえで重要な視点になる。なぜなら賃金をめぐるプロパガンダが多いからである。賃金問題でまず壁にぶつかるのは用語の複雑さである。この複雑さは現象そのものの複雑さに由来する部分も少なくないけれども、賃金が特定の賃金思想によって構築されるという性格をもっていることから、どうしてもプロパガンダや広告などによって水増しされる。性質の悪いコンサルタントは、同業者の商品や過去の自分たちの商品と差別化するために、新しい（しばしばカタカナの）看板を用意するだろう。そうしたときに、その看板が実態を表現している言葉なのか、それとも思想や気分を表している言葉なのか、あるいはたんに広告の言葉なのか、見極めることは大事である。

第４章で扱った「日本的賃金論」もまさに一つの典型例である。もともとは現実的に生産管理改革をめざす目的で議論されていたものが、近衛内閣の誕生とともに勤労新体制が敷かれると、皇国勤労観によって看板を書き換えられた。中身は何れも本文で説明した工員の完全月給制度である。改革として事実レベルですすめたかったのは完全月給制度、思想（解釈ないし意見）レベルですすめようとしたのが皇国勤労史観にもとづく家族賃金であった。生活を重視する視点は電産型賃金にも引き継がれていくが、海軍の波多野貞夫が最初に提唱したとおり、査定は最初から一貫して継続して存在し、純粋に家族の生活維持にかかる家計によってのみ賃金が決められたことはない。政治的プロパガンダでなくとも、自らが実現したい経営改革の本筋を見極めずに新しい改革案に乗れば、経営が傾くのはいうまでもないだろう。

第5章 基本給を中心とした賃金体系

日本では戦前以来、賃金の研究が積み重ねられ、それを実施していった結果、複雑な賃金体系ができた。初めて給与表を見る人はその項目の複雑さに驚くだろう。ここでは現在の基本給とそのもとになった日給などの定額給を軸に、賃金制度が戦前からのどのように改革されてきたのかをみる。変えなかったものは何か、変えたかったものは何かをしっかり見極め、将来の改革のとき、何を変えてはいけないのかを考える材料にしてほしい。

「賃金体系」

第4章では戦時期の議論のなかで「日本的賃金論」が登場してきたことに触れた。ポイントは二つある。一つは、厚生省によって個別企業の賃金制度においては完全月給制度がよいという方針が出されたけれども、それはかぎられた事業所の賃金制度を変更させたにすぎないということである。言い換えれば、実際の賃金制度の変更は本章でみるように戦後に起こったのである。もう一つは、戦後の年功賃金論のなかでもよく使われてきた賃金カーブというマクロでとらえる見方が戦時統制の技法として登場したことである。そして、そのなかで厚生省官僚によって意図的に賃金カーブが右肩上がりであることが強調された。二つ目の点は第7章でより詳しくみることにしよう。

日本的賃金として一般に流布したのは「年功賃金」だが、賃金に携わる実務家や研究者のあいだでは「賃金体系」こそが日本の賃金の特徴と考えられてきた。賃金体系とは、企業内の複数の賃金支払い基準（いわゆる銘柄）の総体を意味する。早くは一九二〇年代に「賃金体系」の使用例はあるが、戦後に流布した用語であるといわれている。とりわけ占領軍はアメリカにない複雑な日本の賃金体系を廃止しようとした。こうしたことによってますます、賃金体系は日本の賃金の特徴と理解されるにいたった。

賃金体系の歴史については孫田良平編著『年功賃金の歩みと未来：賃金体系百年史』（産業労働研究所、一九七〇年）がもっともすぐれている。ただし、この本が書かれたのは一九七〇年であり、現代とは前提となる状況や問題意識が異なっている。本章はこの本を参考にしながら、その後の歴史について考えておこう。本書では以下のように時期区分する（太字は画期）。

一九一〇年代～一九四五年　賃金体系の登場と複雑化（第一期）
一九四〇年代後半～一九六〇年代後半　戦後の賃金制度の定着期（第二期）
一九七〇年代～一九九〇年代　安定期（目立った変化はなし）
＊ただし、石油危機後の一九七五年に賃金改革が訴えられたことはあった。
一九九〇年代後半～二〇〇〇年代前半　成果主義の流行（第三期前半）
二〇〇〇年代前半以降　成果主義の変遷（第三期後半）

『年功賃金の歩みと未来』では、戦時賃金統制の時期とそれ以前の時期が区分されている。そうした時期区分に反対するわけではないが、現代の賃金問題に取り組む読者にとってはその差異がかならずしも重要ではないこと、また、第４章で述べたように、私は戦時賃金統制における「賃金形態ニ関スル指導方針」の登場をそれまでの実務家たちの賃金研究の粋を集めた総決算であると位置づけているので、この時期を一括しても構わないと判断した。

異なる時代の前提条件

一九六九年に刊行された『能力主義管理』が二〇〇一年に座談会を除いたかたちで復刊されると、

一九六〇年代の問題意識と二〇〇〇年代の問題意識が共通していることがにわかに注目を集めた。だが、第一期の改革や第二期の改革に比べて、一九九〇年代から二〇〇〇年代前半にかけておこなわれた成果主義導入は多くの人に失敗と認識されている。前二者が改革の後の時期に経済的に成功したのにたいし、九〇年代以降は失われた二〇年と言われるようにかならずしも成功に結びつかなかった。最初の二回の改革期が比較的近しい条件があったのに比べ、第三期にはそのようなものはなかった。その違いを述べておこう。

第一に、最初の二回の改革期はリーディング産業が製造業であり、なおかつ生産管理の手法のイノベーションがアメリカでおこなわれた時期の直後にはじまっていたため、それらの手法を摂取するという意味が強かった。一九一〇年代には管理会計が発達し、他方、マーケティングの分野にもその手法が広がるなど、科学的管理法が体系化された時期である。次いで、一九四〇年代には二度の大戦における空爆経験から、英米でいわゆるＯＲ（オペレーションズ・リサーチ）が開発された時期である。戦後には統計的品質管理が登場した。

こうした状況に比べて、一九九〇年代以降のアメリカの議論は、むしろ「リーン生産方式」に代表されるように、主としてトヨタ生産方式の批判的摂取という意味合いが強かった。実際、自動車、鉄鋼、家電など日本の製造業は一九九〇年代後期の時点では生産管理技法において依然として世界のトップクラスであると目されており、とくに自動車や鉄鋼などは他国から生産管理技法を学ばなければならない必然性はなかった。二〇〇一年に生産管理を題材にした小説『ザ・ゴール』がベストセラーになったが、サプライ・チェーン・マネジメントのような全工程を通じた総合的品質管理の発想は、すでに一九五〇年代の日本の生産管理者たちには常識的なことであり、それをどのように実現するかが日本の製造業の一九六〇年代の課題であった。それは一度は解決された問題だったのである。

第二に、最初の条件と関連して、第二回目の改革までは経営者や技術者が中心になって管理技法が摂取されたことである。人事部による新しい賃金制度の検討もおこなわれたが、これは生産管理技法の摂取という全体から考えると、あくまでも周縁的なことであった。したがって、一九九〇年代の改革の主役は人事部であった。賃金管理は工場管理から端を発した部分があるのだが、ここに及んでブルーカラーの労務管理という側面は問題の主軸ではなかった。実際、産業構造という面に注目すると、一九七〇年代には第二次産業（製造業）のウェイトよりも第三次産業のウェイトが大きくなり、第三期の改革がはじまった時点ではすでに第三次産業のウェイトのほうが大きくなっていたことは見逃せない事実である。

第三に、これも二つ目の条件と関連する補足的な条件だが、最初の二回は国策的に改革がおこなわれた。第一回の改革のときには、海軍工廠や省線（鉄道省）のように政府所有の巨大事業所が存在し、それらの管理者が結果的に経営手法の改革の主導的な役割を果たした。また、一九三〇年代以降は商工省（戦後の通産省、現経済産業省）臨時産業合理局のような機関が実践的な研究の場を提供した。第二期には、荒廃したヨーロッパや敗戦国を支援するというアメリカのMSA資金によって、豊富な資金的裏付けがあったため（政治的にいえば、人道的にこれらの支援がおこなわれたというより、冷戦がはじまり、各国の共産国化を恐れたアメリカが支援したと理解するほうが正確であろう）、通産省や経済企画庁もこの流れをバックアップし、財界と協力するかたちで日本生産性本部もつくられた。第三回の改革のときは、政府の支援はなく、また財界が主導的におこなうわけでもなく、民間企業のなかから次第に賃金制度を改革する気風が出て、一種のブームになった。事実、組合だけでなく日経連もこの動きに懐疑的であった。

第四に、最初の二回の改革のときには、彼我の文化（文明）の違いまでも学び、自分たちの文化に合うものを導入しようとした。第二次世界大戦以降、学問の専門分化が本格的に展開したが、一九六〇年代まではいわゆる教養文化もまだ残っており、大きな枠組みで物事を考える発想が社会のなかである程度、共有されていた。また、欧米への旅程も船を使わざるを得ず、物理的な距離が「舶来」という言葉が表すように、ある種の外国へのあこがれを生んでおり、そこに異国文化を積極的に学ぶインセンティブがあった。

アメリカ製造業における大量生産、とりわけフォードに象徴的に集約されるフォーディズムはまさに二〇世紀の文明を代表するものである。ヘンリー・フォードはそのような誇りをもって『ブリタニカ百科事典』に「大量生産」という項目を書き、チャップリンの映画「モダンタイムス」は明らかに大量生産という文明への風刺であった。第二期にこそ最初の「生産性」運動が展開されるのだが、そのなかではアメリカが能率管理を実現している文明的背景までも学ぼうという気風があったのに対し、第三期には「成果」「能率（効率）」の摂取のみが追求された。

賃金体系の核（コア）である基本給

賃金論にはさまざまな系譜があるが、賃金制度に関する議論は工場管理からスタートしている（第3章参照）。そこでは労働者をどのように効率よく働かせることができるかという問題意識が貫かれていた。その意味で賃金論とは長いあいだ、ブルーカラーに関する問題であったのである。戦後、労働運動の圧力もあり、工職身分格差撤廃が展開されると、ブルーカラーとホワイトカラーの賃金制度が接近し、やがてホワイトカラー（職員）の賃金も同様に議論されるようになった。この意味でも、現代の賃金体系を考える際に一つの起点となるのは、第二次世界大戦後の基本給をベースにした賃金体系である。

基本給という言葉が最初に使われたのは一九三九（昭和一四）年に施行された賃金臨時措置令の第三条である。「本令に於いて基本給と称するは定額賃金制に於ける定額給又は請負賃金制に於ける保証給若《もしく》は単位時間給」（原文はカタカナ、旧字）と定義されている。一九三九年といえば日中戦争中で、職能資格給の登場以前であるが、要するに当初、基本給は単なる固定給を意味していたのである。非専門家がこの条文を正確に理解する必要はないが、ついでなので解説しておこう。請負賃金は出来高賃金と同じ意味である。インフレによる生活苦問題が生じた一九一〇年代から二〇年代にかけて、出来高賃金においても成績が悪い労働者にたいしても最低額を保証する（請負）保証給が生まれた。つぎに出来高賃金の単位時間給とは出来高を時間で換算する出来高賃金であり、単位時間給×労働時間＝請負賃金（＝出来高賃金）になる。賃金臨時措置令では一九三九年九月一八日水準から基本給の変更を禁じた。

第二改革期の変化①——出来高賃金から基本給＋能率給へ

一九五〇年代から六〇年代にかけての賃金制度改革の歴史を概括するとき、象徴的に語られるのは職務給から職能資格給へというストーリーである。敗戦後、占領軍は複雑な賃金体系を改革しようとして職務給を導入しようとしたといわれる。実際に公務労働では職務分析がおこなわれ、職務給導入が試みられた。だが、職務給は実際の日本における仕事のやり方と合わなかったため、民間企業は独自の文化に合うかたちで職能資格給を開発し、その結果、職務給ではなく、職能資格給が広まったといわれている。しかし、本当に大きな変化はその直前に起きていた。その変化は大きく分けて二つである。そのうちの一つをここでみておこう。

出来高給＋手当　（1）

↓

基本給＋<u>能率給＋α</u>＋手当（α：年齢給など）　（2）

戦後のブルーカラーの賃金制度の変化の一つを簡単に図式化したのが右の二つの式である（もちろ

ん、個別企業の賃金の変化はこんなに単純ではない)。いま、便宜上、手当は二つの式で同じものであると仮定し、捨象して考えよう。一番、大きな変化は出来高給が固定給(基本給)に代わり、出来高給に近い賃金基準は能率給として縮小していったことである。しかも、能率給は一九五〇年代から六〇年代を通じて徐々に少なくなり、トヨタ自動車などの例外を除いて駆逐されていく。第4章で紹介したようなかたちで、完全月給制にはならなかったものの、出来高給から固定給への変化は戦時期の改革路線を継承しているとみることができるのである。

出来高給制度を固定給に変化させることの一番の効果は、ブルーカラー間の賃金格差の縮小にある。戦時期に賃金統制を通じて厚生省がめざしたのは、労働力不足から高騰する熟練工の賃金を抑えつつ、賃金格差の是正によって底辺の労働者の生活を保障することにあった。だが、当然、そうした改革を熟練工が快く迎えるわけではない。実際、戦前に完全月給制度を実現していたパイロット万年筆でも制度改定の際には熟練工からの抵抗を受けている。そうした障害にもかかわらず、これを実現できたのは、工員月給制度関連の文献にはまったく出てこないが、この改革を推進した渡部旭が単なる管理者ではなく、有能な現場の技術者として職工から認められていたからである(渡部旭の評伝、坂本孝『万年筆屋物語』自費出版、一九九五年を参照)。

では、この戦後の賃金改革の意味を理解するために、戦前のブルーカラーの賃金制度を少し確認して、基本的な問題を整理していこう。

戦前の賃金形態——時間による固定給と出来高賃金

戦前期のブルーカラーには大別して二つの賃金があった。定額賃金（固定給）と出来高賃金である。両者の比率がどのような割合であったのかを示す有力なデータはないが、福田徳三の『社会運動と労銀制度』（改造社、一九二二年）に採用されている一九二一（大正一〇）年に大阪市の工場を対象に実施された調査によれば、時間給（＝固定給）一二五、出来高給六〇、併用八五という記録がある。これをみると、固定給の割合が一番高いが、出来高給のみの割合も無視できない。しかも、福田の著書では、併用の意味が明確に定義されておらず、事業所のなかで時間給の労働者と出来高給の労働者の二種類がいるのか、あるいはある個人の賃金に時間給部分と出来高給部分が併用されているのか、あるいはその両方なのか定かではない。ただし、この時代には時間給（＝固定給）が日本的な特徴とは理解されていなかった。

臨時産業合理局『賃金制度』（日本工業協会、一九三二年）によると、当時の時間給は常傭給と呼ばれていた。時間給には時間の単位によって、時給、日給、月給（月俸）、年俸の四種類がある。ここでいう常傭給は日給であった（ただし、支払いは月払い、すなわち日給月給が多かったと推測される）。では、なぜ単なる日給が常傭給と呼ばれていたのだろうか。これは当時の核であったブルーカラーが常傭工と呼ばれていたことと関連がある。常傭工は戦後の言葉でいえば「本工」、今風にいえば「ブルーカラーの正社員」に近い。常傭工の対となって理解すべきなのは、日雇い（戦前は「日傭」と書く場合が多かった）と臨時工である。臨時工は現在の非正規社員と置き換えて考えてほしい。簡単にいえば、常傭工の日給（支払いは月払い、すなわち日給月給が多い）は、日雇いの日給や臨時工の日給とは区別されていたのである。

常傭給あるいは戦前の基本給？

森建資は常傭給（日給）が戦前のブルーカラーの賃金の核であるという仮説を唱えている。同時に森は、日給が日本の賃金制度のなかでどのような意味をもっていたのかという問いを立てた先行研究はなく、日給の研究がなおざりにされてきたという問題提起をした（ただし、日給についての史料がほとんどない状況では、研究をすすめるのが困難であったという事情もある）。私は、森の日給中心仮説は戦後の基本給中心の賃金制度の源流を考える意味では興味深い仮説だと考えるが、戦前の賃金制度はそのような統一的な視点では説明しきれないと考える（森建資「賃金体系の二層構造」『日本労働研究雑誌』四九巻五号、二〇〇七年）。とはいえ、常傭給（日給）の意味を考えるのは非常に重要である。

常傭給が単なる日給と異なるのは、常傭給が個人ごとの査定の集積の結果としての賃金であるという点にある。ただし、経験のある中途採用者には最初から高い賃金が与えられることもあったことは見逃せない。とくに、戦前のブルーカラーは原則的に新卒一括採用ではないので、未経験者も含む中途労働市場が大きな意味をもっていた。日本では海軍工廠や民間の造船所、紡績工場などでは明治期からすでに査定があり、それが賃金にフィードバックされていた。基本給も含めて、日本の賃金体系の重要な論点は査定であり、これをどのように理解するかというのがポイントになる。

もう一つは、実務上、全従業員（ないし全職工）に共通した基準があったほうが便利であるという側面がある。具体的には賞与金の算出の根拠となる基準や共済組合からの給付を受ける額の基準である。これらの規定には「日給」を基準とするものが多かった。ただし、この場合の「日給」は文字通りの日給、すなわち常傭給をかならずしも意味していたわけではない。これについては一九二二（大正一一）年に定められた「健康保険法」の給付基準である「標準日給」の規定をみるとよくわかる。すなわち、「保険給付及保険料算出の標準とする為、被保険者をその報酬の額により等級に分ち、各等級に標準日給を定ること」と決められ、「報酬の額」は「労務の対償として事業主より受くる賃金、又は俸給、及之に準ずべきものを総計して」定めることとされた。ここまでくると、基本給の意味が広義に採られるようになって、基準内賃金と同じようにとらえられようになったのとほぼ同じ現象であると理解してよいだろう。

第1章で紹介した富士紡の賞与金は、制度開始当初は賃金とは別に賞与金算定の基準によって運用されていた。現代ではボーナスは給与の何か月分という風にいわれることがあるが、制度設計上、基準を複数設けることが費用になるだけで、それを度外視すれば、賞与金と賃金を連動させなくてはならない理由はない。

固定給における査定

戦後に流布した基本給をベースとした年功賃金には、年齢別のライフ・ステージに合った賃金を支給するという点で、生活賃金あるいは家族賃金という意味があった。実際に、第三期、一九九〇年代の賃金改革においては家族的経営、あるいは日本的経営の見直しが唱えられたことがあった（ただし、誤解のないように触れておくと、家族的経営は日本独自のものではなく、アメリカやヨーロッパにもある。一九八〇年代までＩＴ企業の盟主であったＩＢＭはかつてもっとも家族的経営で知られていた。とはいえ、戦時期の工員月給制度の提唱にしても、戦後の労働運動において生活賃金を主張したことで大きな影響力をもった電産型賃金にしても、純粋に生活ベースの賃金ではなく、査定がついていた）。

基本給について総合決定給といういい方がある。これは職務遂行能力、これから習得するだろうことが期待される能力、いまは使っていないけれどもこれまで培ってきた能力、仕事の成果、年齢、勤続年数、学歴、勤務態度、過去の査定成績などあらゆる要素が総合的に査定され、賃金額が決定されるという意味である。当然、個々のケースによって評価基準の重みづけは異なる。

一九九〇年代に年功賃金の見直しが唱えられたとき、生活ベースの賃金からの脱却がその一つのテーマであった。しかし、そもそも査定つきの固定給は、評価に決定的なマイナス点がないかぎり、甘くなってしまいがちな傾向があり、その結果、賃金の高い者が過剰に発生するという制度上の性格をもっている。これは評価基準が生活に重きをおいていなくても生じる問題である。

たとえば、二〇世紀初頭の日本の紡績工場では、出来高賃金の労働者と日給（常傭給）の労働者が併存していた。当時、問題になっていたのは出来高賃金で成績のよい熟練工を監督者に昇進させることである。昇進にあたっては、賃金形態を出来高賃金から日給（常傭給）に変更する必要があるのだが、腕がよいためにかえって報酬が下がり、他方で責任が重くなるのでは、従業員からは当然、敬遠されてしまう。同様の問題は一九七〇年代のアメリカの鉄鋼業でも起こっていた。

当時の紡績業の管理者のなかからは監督者の名誉心に訴えるようにという趣旨の提言がされていたが、それには限界があっただろう。総合的に推測すれば、現実的な具体的解決策として賃金を上げざるを得なかったと考えることができる。時代が少し下って一九二〇年代に動作・時間研究が積み重ねられるようになると、個別の仕事（課業――もっとも小さい作業の単位を課業 task と呼ぶ）の解析がすすみ、ラインに入る直接工と監督者などの間接工の割合が問題になった。賃金の高い間接工が多すぎるというのである。彼らは生活をベースに賃金が設計されていたわけではない。こうした事例は従業員のやる気にかかわる昇進・昇給の問題であるので、簡単に賃金を低く抑えたままにすればよかったとは結論づけられないだろう。

複線的な賃金体系の成立

何度か確認したように、戦前のブルーカラーの賃金制度は常傭給（日給）と出来高給の二種類を本体とし、ここに第一次世界大戦前後にさまざまな手当が付くようになった。この時期に最初に付け加わったのは、第一次世界大戦にともなうインフレが引き起こした生活苦（正確にはそれが原因で起きた数多くの争議）に対応するべく支払われるようになった戦時物価手当である。これは本体の一割から二割程度の臨時増給である。その後、本体に組み込まれ、賃金水準を引き上げることもあったが、元に戻る場合もあった。

また、この時期には福利厚生制度を含めた労務管理制度が発達したため、あるいはそうした制度を整備する余裕が徐々に企業にできはじめたため、手当というかたちで報酬として支払われるものが出てきた。具体的にあげると、役付手当、（紡績業における寄宿舎の）室長手当、家族から複数の労働者が働いている場合に支払われる「家族共励手当」、年功加給、出勤奨励加給、皆勤手当、精勤賞などである。

手当の原則的な効用は、本体の秩序を崩さないことにある。ただし、さまざまに開発された手当のなかには、常傭給と連動しているものも少なくなかった。この点は戦後の賃金体系と似ているといえよう。これにたいして、一九三二（昭和七）年に臨時産業合理局が発表した『賃金制度』の奨励加給の提案は画期的で、その後の展開も踏まえると重要である。それをつぎにみてみよう。

臨時産業合理局『賃金制度』の改革案

臨時産業合理局『賃金制度』の賃金改革案をまとめると、出来高賃金についてはハルセー式出来高賃金を採用すること（ハルセー式は古い賃金のテキストには必ず説明されていたが、現在はその詳細を知る必要はない。そういう名前の奨励加給方式が昔あったと理解してもらえれば十分である）、そして常傭給に連動させている奨励加給はやめて、職務給を確立させることの二点がその骨子である。

この改革案自体はただちに実現されなかったのだが、じつはここに書いてある常傭給から職務給への転換についての具体的な提案は、戦後に提言されたことを先取りしていた。改革案ではまず、実際の労働者の仕事を調べて、職務ごとの序列をつくり、階級を設けようとした（いわゆる職階制度の発想）。つぎに、その該当する職務の労働者の日給額を調べて、それを平均化して、それを職務給として奨励加給の基準とするとしている。

戦後の職階制度の発想はまず官庁で起こった。これによって職務給を形骸化させていった。改革案では、二段階目である職務階級の労働者の賃金を調べ、それを平均化するとしているが、ここである職階の職務給に一つの値を決めずに、ある程度の幅をもたせれば、範囲給型の職務給といえるだろう。この方法は戦後、一九五〇年代にもっとも革新的な賃金制度を導入したことで有名であった十条製紙が採用していた。職務給の賃金水準を一本ではなく、幅をもたせることを許容するならば、一つの資格内に幅をもたせた職能資格給までの距離は近いのである。

第二改革期の変化②――日給月給と月俸の融合

戦後の労働運動の成果として工職身分差撤廃があげられることがある。しかし、じつは戦時中の賃金統制のなかで、早くも一九三九（昭和一四）年にブルーカラーとホワイトカラーの統制を統一的におこなうような要望が出ていた。ブルーカラーの賃金の所轄官庁は厚生省（戦後に厚生省と労働省に分かれ、二〇〇一年に厚生労働省）、ホワイトカラーの給与の所轄官庁は大蔵省（現財務省）であり、根拠となる法律も賃金統制令と会社経理等統制令と別々であった。だが、もともと日本には工場の守衛がブルーカラー扱いの会社とホワイトカラーの扱いの会社があったり、場合によっては同じ会社に両方が混在したりするという、ブルーカラーとホワイトカラーのグレー・ゾーンが存在していたため、統制によってはっきり区別されることで労務管理上の矛盾が明らかになり、実務上、混乱を引き起こしていた。そのため、前述のような要望が早い段階から出されていたのである。戦争末期には賃金・給与に関する統制はすべて厚生省に移管された。そして、この賃金統制のいくつかの規定、たとえば賃金規則の届け出義務などは現在も労働基準法のなに生かされている。戦時中の統制の経験は工職身分一体化の先駆的役割を果たしたのである。

こうしたことを前提に賃金の変化を考えてみよう。第二期の二つ目、三つ目の変化はブルーカラーの常傭給（日給）が月給化したこと、ホワイトカラーの月俸に日給的な要素が加わったことである。これは日給月給と月俸の融合ととらえることができるが、その内実は、職員の月俸制度と同じ完全月給制度の工員月給制度が実現するのではなく、両者ともに労働していない部分は差し引かれる賃金制度に変化したとみなすことができる。とはいえ、大手の事業所の長期雇用のブルーカラーは明治期とは異なり、月払いのところが多くなっていたので、実務上は基本給の時間単位が日から月に変わったが、労働者からみると、慣行的にはそんなに大きな変革ではなかったかもしれない。なぜなら、戦前の時点で出来高給でないブルーカラーは常傭給を本体とし、それに連動する奨励加給や手当という賃金体系をすでにもっていたからである。

職務給から職能資格給へ

一九四〇年代後半から欧米への視察の中心は鉄鋼業であった。鉄鋼業は一九四〇年代後半から七〇年代までの賃金改革の旗手であった。ていねいな職務分析から一九六〇年代には職務給を導入し、やがて職務給から職能資格給への変容まで、すべての改革を経験しており、しばしばこの時代を代表する産業（ないし企業）として語られる。ただし、この時代の改革にしても人事改革（賃金改革）は本流ではなく、支流あるいは余滴であったとみて差し支えない。そこで鉄鋼業の経験を簡単に振りかえってみよう。

職務給であれ、職能資格給であれ、その前提には職務分析がなくてはならない。科学的管理法のもとでは職務分析によって、仕事の最小の単位である課業（task）を解析し、そのいくつかの課業によって職務（job）を構成させる。この職務が労働者の担当になり、そのことにたいして支払われる賃金がいわゆる職務給である。労働者の担当業務は明確である一方、規定外の業務にたいする創意工夫や自分の担当業務外の職務へのインセンティブは低い。そこで直接、仕事そのものではなく、ワンクッションを置いて、仕事をこなす能力にたいして評価しようというのが職能資格制度である。これによって異動をともなう新しい仕事を任せても、賃金の条件を変更せずに処遇することができる。一九五〇年代から六〇年代は技術革新の時代と呼ばれ、労働者の勘とコツに支えられる熟練が陳腐化して、読み書き能力のような新しい技能が必要になると考えられた。これは職務分析から職務給の性格を踏まえて、よく語られるストーリーである。だが、実際は少し違う。

鉄鋼業はたしかに一九五〇年代を通じて相当な労力を費やして職務分析をおこなった。そこには二つのねらいがあった。第一に、仕事の役割の整理整頓である。当然ながら、職務分析の登場以前にも役割分担（分業）は存在していた。日本では「職掌」と呼ばれている。ただしこの時代の鉄鋼業は戦争中の影響で仕事のやり方が大幅に混乱しており、それを整理整頓する必要があった。それはかならずしも課業からの積み上げを意味しなかった。

第二のねらいは標準原価の設定である。これが職務分析を含む生産管理改革の本体である。八幡製鉄の戸畑製鉄所でライン・スタッフ制度が導入されたときブルーカラーが工場長に昇進できる道が開かれ、いわゆる「青空が見える労務管理」が展開された、と労使関係や労務管理の研究ではいわれてきた。それは事実だが、戸畑以前と以後では工場長の意味がまったく違うものになってしまったことを見逃してはいけない。この改革のときにもっとも重要であったのは標準原価の設定であった。それまで原価の算出の方法は担当者だけの秘儀であり、工場長は工場ごとにその秘儀的技能をもっている部下たちを統率し、予算管理を専制的におこなっていたのである。標準原価が設定されたことで、事業所別工場別の秘儀が透明張りになった。一九二〇年代のアメリカで標準原価計算が形成されていったときに大きなねらいになったのは、費用のけっして少なくない位置を占める、しかし、完全にブラック・ボックスであった労務費を明らかにすることであった。直接労務費と間接労務費の区分はここから生まれている。そこには必要な労働量を明らかにすることで、おのずと費用としての賃金の額が決まってくるという発想があり、職務給はその延長線上にあったのである。本体はコスト管理であっ

職制と資格制度の一例

職制	部長	次長	課長	係長	主任
資格	副参事	参与	主事	副主事	主任

て、その意味で標準原価の設定こそが画期というべきなのである。

ところが、職務給や職能資格給を語るときに、問題が労務管理上の処遇、あるいはモチベーション管理に落とし込まれてしまう。それはそれで大事なのだが、生産管理という観点からみると、職務分析はコスト管理が主で職務給やそれに付随するモチベーション管理は従である。逆に、こうした制度がコスト管理から生まれてきたことを知れば、人件費のカット以外の別の道筋を示すことで現代の労使交渉においてもいたずらに単純な成果主義がペイしないことを説得できるだろう。

階級（身分）制度から職能資格制度への転用

日本の職能資格制度を考える際には二つの方向を知っておくべきである。一つは、職務給の範囲型から展開したもの、もう一つは階級制度の転用である。日本には明治以来、ホワイトカラーに階級（身分）制度を利用している組織がある。これはそれぞれの仕事の機能（職能）を基準に決められる役職（ないし職制）とは別系統で、組織内のヒエラルキーを表すものである。戦前の官吏（公務員）もそうであったし、銀行などの大企業にも存在していた。実際には社内の役職と混在となっている場合もあるし、それぞれが独立して連動しているものもある。現代ではこれが転じて資格制度になっている場合が多い。

なぜ、わざわざ二つの系譜を述べるかといえば、成果主義以来、導入されてきた職務等級制度と役割等級制度がそれぞれ、これに近いからである。職制に明治以来の職掌を付与すれば、職務分析を経ていない「役割」になる。ホワイトカラー起源のものとブルーカラー起源のものは、元々の性格を異にしている場合が少なくないので、その違いを認識しておくことは無駄ではないと思われるので以下に述べる。

ブロードバンディング（broad banding）

一九九〇年代以降に海外のコンサルティングから入ってきた役割給の背後にはブロードバンディングという考え方があった。これは職務給的な発想への反省から生まれたものである。アメリカでは第一次世界大戦をきっかけに海軍や官庁を中心にホワイトカラーにも職務給の考え方が入っていったが、日本と同様に一職種に一本の賃金率とはかぎらず、範囲型の職務給が存在した。しかし、職務（job）と賃金の関係を密にしたため、融通がきかなかった。融通というのは仕事内容の変更や配置転換（転勤も含む）である。日本の紡績会社では明治時代からブルーカラーにさえ居住地の移動をともなう転勤があったし、すでに一九一〇年代に工女たちは在華紡（中国）に派遣されていた。海外工場立ち上げに際して、技術者だけでなく、優秀な現業労働者（女工）も最初からいっしょに行ったのである。

ブロードバンディングは職務と賃金の関係の厳密さを緩めようとするもので、本来は一九九〇年代の日本における成果主義導入の流れと逆方向である。一般的には成果主義の流れは市場主義（あるいは新自由主義）と結びつけて理解されることがあるが、ブロードバンディングは労働市場という面で中途労働市場から離れていく傾向がある。ただし、顧客を多数もっているコンサルティング会社の場合、社内に数多くの人事情報をもっているので、比較ができる。そして、アメリカのグローバルなコンサルタント会社は、顧客を自国内だけでなく、国外にももっているので、グローバル時代（企業の多国籍化の時代）には組合に比べて優位性をもっているのである。

労働組合のグローバル化の必要

敗戦後から一九六〇年代にかけての賃金制度の改革時代には、企業のなかにも賃金制度についての深い知識をもつ優秀な人事労務担当者がいたし、労働組合も賃金論を勉強し、場合によっては労使交渉を通じて会社側を啓蒙していくという実力をもっていた。実力をもっていたということは、賃金に関する情報ももっていたことを意味する。しかし、企業の多国籍化がすすむと、社内人材のグローバル化もすすまざるを得ない。そうしたときには、国内の賃金情報をもっていても十分ではなくなるだろう。

実際、自動車産業では東南アジアだけではなく、かつてはブルーカラーに査定制度を入れることができなかったイギリスでさえも、現在は査定制度が入っている。これは日本企業方式が海外に普及していることを意味する。日本の制度が海外に流布していく以上、労働組合もまた海外の組合と連携し、積極的に賃金の議論をリードしていく必要がある。連携を通じて情報を共有しないと、グローバルなコンサルタントに対抗することはできないであろう。

コラム⑤

査定制度と公平性

査定付の固定給で最も議論が多く、重視されてきたのは「公平」のとらえ方である。人間が誤りを完全に避けられない以上、評価に誤りが入り、厳密な意味での公平な評価を実現することはむずかしい。不公平な評価は人間関係にも問題を引き起こす。この点を強調し、競争を促すしくみとして査定を敵視する立場さえも存在する。戦後、最大の労働組合であった総評は査定に反対の立場であった。また、公務員の査定や教員にたいする勤務評定においては近年、査定を受け入れる立場も出てきたが、今なお議論は尽きない。他方、それぞれの努力が正当に評価されて、報いられることこそが公平であると考える立場がある。たとえば、民間企業の査定では昇進や異動によって複数の上司の査定を受けることで、個々人の判断の恣意性が避けられ、相対的に公平が達成されていると考える。逆に、このような立場からは適正な評価制度がないからこそ公務員は働かないという主張が根強くあり、公務員バッシングにしばしば結び付けられる。

また、評価制度を（心理学に基づく）点数制にすれば、公平性が担保されるという考え方もある。たしかに点数制にすれば、集まったデータを統計的に解析して、科学的に評価することは可能だが、仮に評価をマニュアル化できたとしても、その解釈に個人の恣意的判断が入ることは避けられない。したがって、点数制の導入が公平性を担保する十分条件とは考えられない。また、個人の恣意性は複数の人が査定をおこなうことである程度排除できるかもしれないが、組織全体がある特定の価値観をもっていた場合（たとえば、男尊女卑的な価値観）、査定が雇用差別を強化する可能性がある。歴史的には、少数派組合に対する査定差別問題が存在した。こうした何れのケースも、査定制度そのものがただちに雇用差別を生み出すしくみであると考えるよりは、その運用に問題があると考える方が自然であろう。

第6章 雇用類型と組織

一九六〇年代にほぼ完成された大企業の男性ブルーカラーをモデルにした日本的雇用という捉え方は、現在にいたるまで日本の雇用を代表するものとして語られる。しかし、そうしたものは本当に日本特有なものなのだろうか。ヨーロッパのトレードを比較対象にしながら、経済学の基本的な概念も参照して、日本的雇用という理念型の特徴を考えていこう。

日本的雇用の議論の前提

第5章では企業内における賃金体系というミクロの問題を取り上げた。第7章および第8章はマクロの問題として、賃金交渉と社会的賃金という考え方をみていくことになるが、その前に第6章では、賃金をみていく際の前提になっている雇用問題について、日本的雇用を相対化させるという観点から整理しておきたい。

第4章で日本的賃金論は日本的経営論を背景にもっていると述べたが、この点を少し詳しくみておこう（ただ、むずかしい議論に関心のない読者はこの項を飛ばして、次に進んでもかまわない）。通常、年功賃金論（日本的賃金論）にせよ、日本的経営論にせよ、その対象とされているのは大企業ないしその事業所であり、その中心は男性ブルーカラーであった。日本的経営論の走りになったジェームズ・アベグレンの『日本の経営』（一九五八年）も原題は〝The Japanese Factory〟であり、直訳すれば「日本の工場」である。また、ロナルド・ドーアの『イギリスの工場・日本の工場』（一九七三年）もやはり大企業（具体的には日立製作所）の労使関係である。たとえば、小池和男の一九六六年の『賃金』や濱口桂一郎の『日本の雇用と労働法』（日経文庫、二〇一一年）では、大企業の男性ブルーカラーとホワイトカラーが中心で、中小企業労働者や女性労働者、非正規労働者はその周縁に位置づけられている。

現実を知っている読者の方には、こうした取り上げ方は奇妙な印象を与えられるかもしれない。身も蓋もないいい方だが、こうした枠組みは一つの現実を切り取る方法だと割り切って理解するのが一つの方便である。もちろん、読者は自由に反対してもよいし、別の切り口で現実をとらえても構わない。ただし、いくら反対しても多くの論者はこういう前提を共有して議論してきたし、おそらくこれからもしばらくは積み重ねられていくので、こうした枠組みを代表的な現実の理解の仕方と認識したうえで論者の議論を知っておくほうが生産的であろう。念のために、よくいわれるいくつかの疑問をあらかじめ検討しておこう。

まず、そもそも日本の中心は中小企業でないのか。これは規模別従業者数を確認すればまさしくそのとおりで、とりわけ大学生が就職活動をおこなうときには、こうした基本的事実を理解したほうがよいと思われる。規模別にみたら、日本の中心は疑いなく中小企業である。しかし、大企業での制度（具体的には新規一括採用システムや企業別組合など）が中小企業に広がっていくという意味で、大企業の制度は重要であると説明される。あるいは、日本の組合活動では大企業を中心とする企業別労働組合が重要なイニシアチブをもっており、一国レベルの労働問題にも影響を与えうるという説明もある。この点は第7章でみるとおり、ある程度、説得的である。労働者側の相手の使用者側の代表である経団連（かつての日経連）などが大企業関係者を中心に組織される点を重視することもできるだろう。

私は以前からなぜこうした構図で説明されるようになったのかということ自体に関心をもって考えてきた。戦時中に重要事業場（重工業の大企業の事業所）にたいする労務管理統制があって、それを軸に日本的労務管理理論が唱えられたことの影響の余波が大きかったのではないかという仮説を個人的にはもっているが、学界で長く通説となっていた日本的雇用が形成された一九二〇年代の労使関係を重視する立場に立って、別の仮説を提出することもできるので、決定的な説明ではない。ある説が時代の流行（トレンド）になり、長いあいだ、生命力をもつには複合的な要因があるので、なかなか一つの決定的な説明要因を見つけるのはむずかしいのである。

また、女性労働の取り扱い方についても奇妙な印象をもつ人もいるだろう。圧倒的に非正規労働のにない手が女性、とりわけ主婦パートなのに、なぜこれを別カテゴリーにするのか。また、男女の区別なく大企業で働く正規女性労働者も存在するのに、これをほとんど問題にしていないのはなぜか。これらの疑問はどれももっともである。ただし、こうした認識枠組みができたのは、そもそも一九五〇年代から六〇年代にかけてであった。当時、非正規労働で具体的にイメージされたのは男性臨時工であり、女性労働とは別に考えられていた。また、この時代は男女雇用機会均等法やそのきっかけになる国際婦人年の一〇年（一九七五年から八五年）のはるか前であり、結婚した女性が退職することを前提とした女子定年制（二五歳！）がいまだ存在していたのである。

かつて婦人（女性）労働研究は独立した一分野だったが、一九九〇年代くらいから男女をあわせて複合的にみるジェンダー（社会的性差）的研究に移行していった。そして、ジェンダー的な視点が重要であるという指摘が国内だけでなく、世界的にみても有力になってきた。これは歴史的にみて女性運動の発展と結びついていると考えられるが、現実に理論が追いついていないのである。男女雇用機会均等法以後、四半世紀も経った現在、ジェンダー的視点を導入して修正することは当然必要であり、私自身もそのような枠組みを考えてみたいとは思うが、残念ながら問題がむずかしすぎて、そのようなものをつくるにはいたってない。また、学界でもジェンダー的視点を中心に据えた説得的な修正雇用モデルはまだ提出されておらず、研究の進展が痛切にまたれるところである。

日本的雇用論の派生形であるメンバーシップ型雇用論

日本的雇用論をよりわかりやすいかたちで説明するために、濱口桂一郎が近年、「メンバーシップ型雇用」という概念を欧米の「ジョブ型雇用」と対比するかたちで提唱している。これに類似した概念としては、晴山俊雄が「所属型賃金（日本）」と「契約型賃金（欧米）」という二つの対概念を提示している（『日本賃金管理史』文眞堂、二〇〇五年）。濱口の説明を要約すると、日本の大企業は職務の定めのない雇用契約であり、いわば企業のメンバーになることを契約するという意味でメンバーシップ型雇用であり、職務ごとの雇用契約である欧米はジョブ型雇用ととらえることができる、というものである。

大企業における労使関係（雇用関係）を説明することは日本の労使関係や雇用関係を語るときに中心的な役割を果たしてきた。しかし、その説明の仕方のトレンドは変化している。一九七〇年代初頭までは、圧倒的にその組織が古い文化的慣習（当時は封建遺制などといういい方がされた）を残していることが強調され、あるべき「（欧米型）近代」に遅れたものとして否定的に語られていた。この文脈では日本の労使関係や雇用慣行は古い身分制度を引きずっていると考えられ、攻撃されていた。マックス・ウェーバーが西洋近代社会の特徴を非人格的と述べており、こうした考えと比べて、当時の人たちにとって身分制社会の特徴を残したメンバーシップ型雇用は否定されるべきものであった。こうした古い通説的な考え方を踏まえつつ、年功的労使関係（ないし年功賃金）について戦時起源説を唱えているのが孫田良平らである。濱口説は孫田説を（その概念的混乱も含めて）継承している。これらの見解にたいし、一九五〇年代後半から一貫して、日本大企業のシステムがもっとも合理的であるという観点から議論を組み立てていたのが小池和男の議論である。

賃金という観点からみると、基本給ベースの年功賃金は属人給と呼ばれる。これは賃金の算定基準が人にあるという意味であり、具体的には総合決定給で考慮されるさまざまな要素はすべて個人に属すことがらである。たしかに、その意味では仕事ではなく、人が基準になってはいるが、この賃金形態からただちにメンバーシップ型という考え方を引き出すことはできない。こういう賃金形態は欧米でもあり得る。

トレード型雇用とジョブ型雇用

ここで一見、賃金とは関係ない雇用の型を取り上げるのは、もう少し欧米についての理念型をていねいに構築したいからである。まず、欧米と近代を切り離して考えたい。欧米には近世来の「職業（トレード、あるいはクラフト）」の概念があり、それが企業社会のなかにも取り込まれている。これは「職務ないし職種（job）」と区別して考えたほうがよい。

日本にも「職人」的伝統があり、研究史では職種別労働市場が存在しないといわれていたが、最近の研究では通説を覆し、高度成長期前夜の一九五〇年代の京浜工業地帯にはブルーカラーにおける職種別労働市場が存在していたことが立証されている（菅山真次『「就社」社会の誕生』名古屋大学出版会、二〇一一年、第4章）。しかし、高度成長期以降は労働市場の内部化が進み、ブルーカラーにおける職種別労働市場は存在しなくなった。だが、日本にも職業によっては、大工や料理人などトレード型の仕事は存在してきたし、現在も存在している。

歴史的にみたとき、トレードとジョブを区別したほうがよい理由をもう少し詳しく説明しておこう。一九世紀末ごろから仕事を管理する体制が間接管理から直接管理へと転換したといわれている。これは日本だけでなく、アメリカやドイツなどでもみられる現象である。もっとも重要なのはアメリカの経験だが、その背景である「科学的管理法登場前夜」については第3章で詳しく説明したとおりである。科学的管理法登場のインパクトは、動作・時間研究によって、熟練工の技能を課業（最小の仕事単位）レベルに解析（昔の表現で「熟練の解体」）をしたことであった（実際にはほとんどの産業の仕事を解析しきれなかったわけだが）。これによってそれまで一種の神話化されていた熟練がいっきに可視化され、それを積み立てることで「ジョブ」が構築されると考えられた。わかりやすく図式化していえば、「トレード」を解体し、再構築したものが「ジョブ」である（もちろん、「ジョブ」にはもっと古い歴史的背景があり、慣用的にこうした厳密な意味ではなく使われることのほうが多い）。

動作・時間研究が効果をあげたのは、標準化が可能な相対的に技能が低い入門レベルのトレーニングである。戦前日本の紡績業のように該当する人数が多ければ、すなわち、規模の経済が効くことによって、その効果が期待される。ただし、紡績業でさえ、もっとも高度な技能は解析することができなかった（もっとも成績の良い女工が優秀な理由を解析しきれなかったということである）。

伝統を引き継いでいるヨーロッパのトレード型、新しい日本のメンバーシップ型

近世においてはヨーロッパだけでなく、日本も「職業」を軸にしていたが、近代に入って大きな転換があった。西洋において伝統的に社会的に高く位置づけられてきたのはプロフェッション（専門職）と呼ばれる聖職者、医者、法律家である。日本ではこのうちの二つの資格がまったく変質してしまっている。法律に関しては西洋法を移植するために、法曹に代表される新しい専門職群をつくった。また、医療に関しても同様でインドや中国のように伝統的な東洋医学を一つの軸にすることなく、西洋医学に移行してしまい、漢方医は一代かぎりで、西洋医学を修めた医者に代替されていくことになる。さらに、聖職者に関しても為政者の宗教への関与（統治）の仕方が維新以降、大きく変わったことで、仏教、神道やキリスト教のあり方などは変動した。また、第2章でも触れたが、社会階級としては武士階層が士族という名前は残しつつも、そのままなくなってしまった。これに比べると、ヨーロッパのほうは変化が緩やかであり、貴族を中心とする階級社会も存続し、トレード（職業）の伝統も産業（工業化）社会のなかに取り込まれていった。

敗戦後長いあいだ、労働問題研究では、日本は西洋に比べて遅れているため（封建遺制を残してい

る）、これを克服するには西洋のような職種別労働市場を確立させることが必要であると訴えられていた。こうした主張は労働組合の活動方針にも、とりわけ一九六〇年代初頭までは大きな影響を与えた。生存活動を継続させうる水準の賃金を確保することに次いで、ヨーロッパ並みの賃金水準を獲得することが目標とされた。実際、賃金水準が低く、それを引き上げていくというストーリーのなかでは、賃金水準の高い国々のほうが進んでいるようにみえるのは直感的には納得しやすかっただろう。そこに第4章で説明したソーシャル・ダンピング論の伝統が結びついていたのである。

日本の大企業システムをメンバーシップ型と理解することには若干の問題がある。じつはトレード型の大きい特徴も、もともとの原則は社会的に認知されたトレード（職種）にたいするメンバーシップであるからである。日本と欧米を理念型化した場合、両者の違いは企業へのメンバーシップか、トレードへのメンバーシップかということなのである。日本の大企業のメンバーシップがつくられたのは経営史研究によれば明治三〇年代から大正初期以降のことであり、それに比べると、ヨーロッパのトレードは産業革命以前の伝統を継承している。日本の企業別組合が形成された説明として二村一夫は、トレード・ユニオンの伝統が不在であったがゆえに、新しい制度（企業別組合）をつくることができたと説明しているが、これは長らく通説であった。

トレード・ユニオニズム

トレード（trade）という言葉は広がりをもっていて、専門職（profession）を指す使い方をされることもあるが、基本的なイメージとしてトレード・ユニオンを考えよう。ヨーロッパ、とくにイギリスを念頭にここでは考えたい。トレード・ユニオンの起源は一九世紀以来、中世のギルドの伝統をもっているといわれることもあるが、実際にはその連続性を示す決定的な証拠はない。一八世紀末の産業革命ごろから考えればよい。ただし、一九世紀の一〇〇年間をかけて、トレード・ユニオンはその意味を大きく変えてしまった。

一八世紀の末ごろのイギリスではまだ労働者と資本家という階級がかならずしもきちんと区別されていなかった。たとえば、一人の職人はあるプロジェクトを請け負うと仲間の職人を雇って、そのプロジェクトを遂行し、また、別のプロジェクトを仲間の職人が請け負うと、今度は自分がその仲間に雇われてその仕事を遂行するというような状況であった。したがって、トレード・ユニオンは働くものの組合という意味では労働組合的な機能を有していたが、反面、同業組合という性格を色濃くもっていた。しかし、経済が発展してその規模が大きくなっていく一九世紀を通じて、労働者階級が確立していくといわれている。

トレード・ユニオンは、同業組合的な性格をもっていた時代から、仲間の共済機能と同時に労働供給のコントロールによって賃上げや労働条件交渉をおこなっていた。こうした組合による労働供給統制は、イギリスやアメリカでは法的に不当なものと考えられていた。なぜなら、それはしばしば交渉にストライキやピケにおいて暴力をともなうという以上に、とくにアメリカにおいては、独占に該当するという理由で忌避されたからである。そうした環境において労働運動は実力行使で権利を勝ち取っていくのである。その一方で、イギリスでは紡績職工は出来高給で、組合が賃金交渉すなわち価格（単価）交渉をおこなっていたので、労使交渉がなくなってその価格決定メカニズムが機能しなくなると、かえって使用者のほうが困ることになり、組合が禁止されると、使用者のほうから国家にたいして組合を認めるように請願が出されていた。

労働供給規制を可能にするためには、組合が熟練工の労働供給を掌握していることが重要である。すなわち、徒弟制度というかたちで技能育成プロセスを独占し、その訓練を合格した者が熟練工になるというしくみを組合が握る必要がある。言い換えれば、訓練を終えることによって熟練工であるという資格を与えられることになる。供給を独占していれば、ある労働者の賃金（報酬）が相場以下であった場合、彼はその工場を去り、その代わり組合から生活費を供給されて、新しい職場を探す。これを静かなるストライキと呼ぶ。同時に組合はその工場に新しい熟練工を送らない。こうしたメカニズムが働くことによって、熟練工の賃金水準が守られるのである。この場合、組合の交渉力の源泉は労働市場と同時に技能形成ならびに熟練工を抑えていることなのである。

企業にとって自分たちの仕事のノウハウは生命線である。だからこそ、オリジナリティのある技術に関しては特許制度によって守られる。同様に一九世紀の労働組合にとって仕事のやり方は自分たちの専売特許であるはずであった。これに風穴を開けたのがテイラーやその弟子たちの動作・時間研究であったのである。彼らはどのように仕事をするのかという方法（の管理）と実際に仕事をすることを切り分け、前者をスタッフ、後者をライン（現場労働者）に担当させようとしたのである。労働研究の古典の一つであるハリー・ブレイヴァマンの『労働と独占資本』(岩波書店、一九七八年)はこの「構想と実行の分離」を指摘し、テイラー革命が重要な意味をもったことを指摘している。これをマルクス経済学的な文脈で「労働の疎外」と呼ぶ。逆にとらえると、海外で日本のQC活動が高い評価を受けつづけたのも、分離されたはずの「構想と実行」を労働者がになっていると理解されるからなのである。これは「疎外」の反対概念として、「参加」と理解される。

トレード・ユニオンが労働者組合化していくと、使用者側は対抗措置として組合外から労働者を雇おうとする。実際に、徒弟制度の空洞化というのは一九世紀どころかそれ以前から指摘されており、完全な労働供給の独占はおこなわれていなかった。ここで不熟練労働者や女性など新しい労働者が重要になるのである。この場合、労働組合のとるべき道は二つである。一つは新しい労働者を攻撃して、徹底的に排除する。もう一つはそうした労働者を組織化して、労働者全体の労働条件を向上させていく道である。一九世紀末から二〇世紀初頭のイギリスでは後者の道が選ばれた。

変容したプロフェッション

後世からみると、ブレイヴァマンの主張するように、テイラーの議論が労働者から資本家に技能の管理を移転させるように機能した面は否定できないかもしれない。同時に、テイラーたちの行為は資本家と労働者というプレイヤーのみで理解しきれない、より広い文脈に位置づけることが必要になる。そのヒントはテイラーがみずからの方法に「科学」的管理法という名称をつけたことにある。

仕事のやり方が外からみるとわからないのは、けっして熟練職工だけではない。プロフェッションと呼ばれる人たちは長らく、その仕事内容が標準化されないという点に特徴があると考えられてきた。そして、もう一つはクライアントがその仕事内容を必ずしも理解できないということが前提とされてきた。医者の指示は絶対で、これを患者であるクライアントは全面的に信頼せざるを得なかった。アダム・スミスは専門職の報酬が高い理由を次のように説明している。

「(彼らの高い報酬の源である) 信用は彼らの仕事の方法や労働条件が悪いからという理由でそうなのではない。社会においてそれくらいの信用が要求されるほど重要だと格付けされるから、そういう報酬でなければならないのである。長い時間と莫大な支出を伴う教育に身をおくことと、こうした状況が結びついて、彼らの労働の価格 (≒賃金) はさらに引き上げられる必要があるのである」

アダム・スミス『国富論』第一巻、第一〇章、一〇段落、カッコ内は引用者。

「長い時間と莫大な支出を伴う教育」という表現について補足すると、スミスは別の個所で、徒弟制度に子どもを預ければ、確実に熟練職人になれるのにたいし、専門職になるためには長期にわたる専門教育を受けざるを得ず、しかも二〇人に一人しかそうした収入を得る地位を獲得することができないので、専門職は失敗した人の利益分も報酬として受け取っているという説明をしている。

こうした状況はいまやまったく変わってしまっている。ここ十数年のあいだ、日本では医療機関におけるインフォームド・コンセントの名前のもとに、医師から治療の内容やこれからとることができる選択肢がていねいに説明されるようになった。これは医師がもっている専門的知識を患者（クライアント）に提供し、そのうえでクライアントが判断するべきであるという考え方にもとづいている。スミスの時代のように無条件に専門職に信頼して委ねるというところからは遠くにきてしまった。しかし、考えてみれば、こうした変化は二〇〇年間の集大成であるともいえる。この現象を考えるときにもっとも象徴的なのはアメリカの経験である。

一九世紀末から二〇世紀初頭にかけて、アメリカでは医師が専門職として確立された。これには一九一〇年に発表されたフレクスナー・レポートを書いたアレックス・フレクスナーの影響が大きかった。このレポートを書くための資金はカーネギー財団が拠出した。それまでアメリカは西洋の科学的医療よりも民間療法が主で参入も自由であった。これを西洋の科学的医療をになう医師という専門職集団によって統制させることに成功したのである。そして、一九一五年にフレクスナーは有名な専門職基準を根拠にソーシャル・ワーカーが専門職とは呼べないのではないかという講演をおこなった。フレクスナーがあげた基準とは以下の六つである。

1　基礎となる科学的研究
2　知が体系的なものであること
3　実用的であること

4　教育手段によって伝達可能な技術であること
5　専門職集団・組織
6　利他主義

一九一〇年代は社会福祉史においては、キリスト教にもとづく慈善事業から社会事業への移行期にあたっており、一九世紀までの有閑階級の仕事（奉仕！）から専従的な、言い換えれば、給与をもらって仕事をするソーシャル・ワーカーが出現しはじめていた。ただし、登場してすぐの時期であったため、ソーシャル・ワーカーが専門職と呼べるのかどうか当時から議論が多くあり、医療専門職を確立させようとしていたフレクスナーはそこに問題を投じたのである。

社会福祉史のなかでは、フレクスナーに明示的に答えていたわけではないが、メアリー・リッチモンドが一九一七年に書いた『社会的診断』によって、事実上、ソーシャル・ワーカーが専門職として確立したと考えられている。社会福祉（史）研究では技能（スキル）という表現は使わないが支援技術という言葉がほぼ同じ意味をもっている。専門職のアイデンティティとして支援技術が重要な意味をもつようになったため、当該分野の研究蓄積は膨大なものになっている。

テイラーが科学的管理法を展開したのには、熟練（スキル）を解析し、もっとも効率のよい仕事のやり方を探索するという目的があった。それは言い換えれば、いままでベールに包まれていた仕事を白日のもとにさらすということであった。こうした仕事内容を透明化するという方向性は「科学」をめざす人たちには共通していた。それはかつてプロフェッションと呼ばれた職業の人たちの仕事も例外ではなくなっていったのである。

経済学の伝統的な二つの賃金仮説

メンバーシップ型とトレード型の雇用は、じつは経済学の内部労働市場論によって統一的に理解することができる。ここでは内部労働市場の考え方を学ぶために、まず経済学的な考え方を確認することにしよう。

経済学の基本的な考え方によれば、価格は需要と供給によって決まる。賃金も一つの価格である。労働需要よりも労働供給が多ければ、賃金は下がる。逆に、労働供給よりも労働需要が多ければ、賃金は上がる。これをベースにしている。しかし、伝統的な賃金学説は労働価値説のように労働の内容と賃金の直接的な関係を前提としていた側面がある。

その一つに補償賃金仮説という考え方がある。これは仕事が危険な場合やキツイ場合には、その分の労働者の不快（経済学の用語でいえば、非効用 disutility）を補うために、賃金にプレミアム（余分）が加わるという考え方である。もう少し砕けた日常的な言葉で表現すれば、嫌な仕事をすすんでやろうという人はいないから（労働を供給しよう＝働きたいと希望する人が減る）、雇い主はその仕事を頼むために少し多めに賃金を支払わざるを得ない、ということである。

もう一つの大きな影響力を与えた学説は、限界生産力は実質賃金と等しい、という限界生産力仮説である。「限界」は英語のマージナルの意味で、数学的には微分を意味する用語である。これを正確に理解するためには、初歩的なミクロ経済学の知識が必要になるが、ここではその詳細な説明は省略する。この学説で重要な考え方は、実際に仕事に発揮される技能（＝熟練 skill）に等しい額が賃金として支払われるという考え方である。その代表的な仮説は人的資本論である。

人的資本論

人的資本論はカール・ベッカーによって唱えられた学説で、限界生産力仮説を前提にして長期の賃金カーブ（勤続年数が上がると、賃金が上昇するカーブ）を説明しようとした理論である。ベッカーの問題の立てかたは、なぜ長期に企業に雇われつづける人々がいるのか、ということだった。もし、賃金が技能といつも等しく対応しているのであれば、短期雇用と長期雇用の区別はなくなる。それでも長期雇用が選ばれるのはなぜだろうか。

ここでベッカーは短期的には限界生産力と賃金は一致しないが、長期的には一致すると考えたのである。会社に入社した当初は、労働者は有用な技能をもっていない。そのためにまず訓練を受ける必要がある。訓練期間中は一人前の仕事ができないので、そのぶんはマイナス、つまり費用になる。その訓練で身に付く技能には二種類あると考える。一つはその会社でしか使うことができない企業特殊技能である。もう一つは、別の職場にいってもその力を使うことができる一般技能である。ただし、実際の技能が企業特殊的技能か一般的技能かは必ずしもきれいに分けることはできない。これはあくまで理論的にそう考えるだけである。

労働者は会社に雇われなくなってしまえば、企業特殊技能が不要になる。逆に、一般技能は他の会社に移っても力を発揮するので、労働者にとっては自分の資産になる（この発想が人的資本である）。企業特殊熟練の訓練費用は会社、一般熟練の訓練費用は労働者が負担するというのが原則である。会社は最初のころ、訓練費用を負担し、労働者が実際もっている技能（限界生産力）よりも高い実質賃金を支払う。労働者は徐々に自分の技能を上げていく。技能があがるペースより実質賃金の上がるペースを低くする。そうすると、最初は限界生産力＜賃金であったものが、ある時点で限界生産力＝賃金となり、さらにそれ以降は限界生産力＞賃金になる。雇われている全期間の限界生産力を足したものと、実質賃金を全部足したものが等しくなるのである。

これがもし企業特殊技能が存在せずに、一般技能だけで、企業が訓練費用を最初に負担してしまうと、労働者は限界生産力＞賃金となった時点で他に移動してしまう。実際、会社の費用でＭＢＡを取得しながら、帰国後に他の会社に移籍することや、自分で事業をはじめる事例はこうした仮説によって説明できる。

内部労働市場と外部労働市場

ベッカーの議論はその後の経済学における賃金研究に大きな影響を与えたが、そのなかの一つがドリンジャー＆ピオリの内部労働市場論である（『内部労働市場とマンパワー分析』早稲田大学出版会、二〇〇七年)。企業にいくつものポストがあり、そのポストに労働の価格が割り当てられていて、それは全体であたかも市場と同じような状況にある。そのポスト間の移動を一人ひとりの労働サービス提供者である労働者の意思によって決められない点では通常の市場と異なるが、これを疑似的な市場とみなし、内部労働市場と呼んでいる。そして、企業外の労働市場を外部労働市場と呼ぶ。

ドリンジャー&ピオリは内部労働市場が成立する理由として、人的資本論と職場の慣行をあげた。具体的には機械のクセなどを知ることをあげている。これにたいして、小池和男はポストの配置を企業が管理できることで、技能形成に有利であると説明している。小池仮説はドリンジャーたちが内部労働市場の特徴として掲げた「管理(administration)」という視点からみても、彼ら以上に説得的である(ただし、この説は日本企業をメインフィールドとして、アメリカ企業を比較したことによって発見された)。現代の日本では内部労働市場=企業内の賃金体系とポスト(職の配置、job allocation)、外部労働市場=労働需要量と労働供給量ととらえておくのがさまざまな現実を理解するのに役立つ。この二種類の市場の原理は異なり、しばしば現実には問題を引き起こす。

いちばん単純な例は入社した年次によって賃金が違うことであろう。たとえば、就職するのが厳しかった世代は、外部労働市場では労働供給よりも労働需要が下回ったため、賃金が低くなる傾向がある。逆に、その前年の世代の入社時の労働市場においては需要が供給を上回っていたとすれば、相対的に賃金は高くなるだろう。アメリカのある企業を事例に実証分析をした研究では、こうした入社してからの昇給など(内部労働市場の原理)は同じように機能するが、世代間の入社時の賃金格差はそのまま温存されることを明らかにした。これをコーホート（cohort、同世代ないし同期）効果と呼んだ。実践的には、このような場合、データを並べてみることによって、ある世代の賃金だけが突出していることが確認できる。こうした問題の発見こそは統計利用の最大の価値である。ただし、いきなり問題を全部、変更することはむずかしいから、昇給などを使って少しずつ是正されるような対策を練るという運用になるだろう。

また別の例を考えてみよう。地方の事業所において、同じ仕事をしていても、本社から転勤してきた人と現地採用の人の賃金に大きな格差がある場合がある。これは現地採用の人の賃金水準が地元の外部労働市場の水準によって決められているためである。たとえば、企業別組合ができていなかった一九二〇年代、ある紡績会社では当時もブルーカラー（職工）は現地採用であったため、賃金水準は工場近辺の市場あるいは募集先（地方）の市場の情勢によって決まっていた。そのため、都市近郊の工場の賃金と田舎の工場の賃金には、二割ほど格差が生じる場合があった。その紡績会社には各事業所ですでに労働組合があり、かつ転勤もあったため、転勤した運動家の職工はその賃金格差の是正を訴えた。

また、逆にかつての企業城下町の大企業の労働者は労働組合の力もあずかり、内部労働市場によって決まっていたため、周辺の仕事に比べて格段に高い賃金を受け取っていた。その結果、その大企業の社員はその子女に、容易に高等教育を受けさせることができたといわれている。それが地域内での文化などいろいろな差を生むことになる。これらの問題に一概にどちらがよいという判断は下しにくい。賃金水準を決めていた一九二〇年代の紡績会社の労務管理者の考えにも一理あるし、それに反論した運動家の主張にも一理ある。

先にあげた入社年代によって賃金格差が生じる場合は、外部労働市場の影響が入社時の一時点のものであって、現在は継続していないので、内部労働市場の原理に準ずるように是正措置をとるという対策を簡単に立てることができる。だが、後者の場合、どこに価値をおくかによってまったく違う判断が生じるだろう。原理的には、公平公正が重要であるが、現実的な問題を考える際には、どれが公平公正であるかは最終的にはある価値観にもとづいて決断するしかない。だが、そこにいたるまでに事実を認識することは重要な手続きである。

組織と信用

ドリンジャー&ピオリ自身は「内部労働市場はある企業や、ある企業の一部、もしくはクラフトないし専門職によって定義される（x頁）」としていた。すなわち、企業のほかにクラフトや専門職による内部労働市場を想定しているのである。ここでクラフトや専門職で内部労働市場が成立していると考えられる理由は、その内部労働市場がトレード・ユニオンや専門職集団によって訓練課程が掌握されているということである。最初に述べたとおり、トレード・ユニオンや専門職集団ではそのメンバーであることが資格の重要な要件になっており、トレード型雇用はこの点では（大企業）メンバーシップ型雇用に似ているのである。理論的に内部労働市場論でも同様に考えられている。

本章では、日本の雇用の型の代表とみなされている大企業のメンバーシップ型雇用を最初に取り上げ、その後、ヨーロッパの型としてトレードや専門職（プロフェッション）を取り上げてきた。しかし、トレードや専門職は日本にももちろん存在している。たとえば、一二七万人を擁する全国建設労働組合連合（全建総連）は世界最大規模のトレード・ユニオンである。

トレードを考えるにあたって、一九世紀初期のイギリスまでさかのぼったのは、トレード・ユニオンを単に労働組合ととらえる以上のことを考えたかったからである。すなわち、使用者と労働者が明確に階級として分離される以前の一九世紀初期のトレード・ユニオンはまだ同業団体の性格を色濃く残していた。逆にいえば、労働条件を上げるのは、いつも労働組合とはかぎらない。一つのパイをどのように切り分けるかという局面（＝労働分配率の問題）では使用者と労働者は対立するが、一つのパイをどのように大きくするかという局面では両者は協力するという考え方も一つの合理的な戦略であろう（これに反対する立場は、そこに労働強化がともなうならば、拡大戦略自体を望まないというものである）。また、労働組合がなく、使用者団体だけの場合でも、労働条件を引き上げようとすることもある。たとえば、日本の最低賃金は静岡県ではじまった当初、現在のような審議会が価格を公定するいわゆる審議会方式ではなく、使用者団体が最低賃金を定める業者間協定方式であった。

ある産業の労働条件は、労働組合（産別）、使用者団体、業界団体などの産業内の団体の力だけで決まるわけではない。むしろ、当該産業の外部とのかかわりあい、社会的認知や信用度によって決まるのである。つまり、社会のなかで高く評価されなければ、賃金も高くならないのである。この点で先に引用した非生産労働であるプロフェッションにたいするアダム・スミスの指摘は、いまなお有効であるといわざるを得ない。

経済学的に考えれば、希少性のある財・サービスは高い価値をもつ。それならば、ある仕事に習熟するのが困難であり、その職種が希少な高度な技能を有する場合、その賃金は高くなる。もし技能が高いにもかかわらず、賃金が低い場合、その技能が十分に明らかでなければ、評価できないので、低くならざるを得ないかもしれない。しかし、技能内容を明らかにすることで賃金が上がるのかと問い返せば、必ずしもそうとはかぎらない。具体的にいえば、ソーシャル・ワーカーは高度な技能（支援技術）をもつ専門職であり、その技能内容の研究もブルーカラー研究以上に蓄積されてきた領域だが、その賃金はかならずしも高いとはいえない。そのほか、介護職・保育士などは同様に高い技能をもちながら低賃金におかれている典型的な職種である。これらの職種は少子高齢化社会のなかで今後、ますます重要性を増していくと思われるが、今後、報酬を引き上げていくように社会的に働きかけていく必要があると考えられる。

資格制度

労働問題や人事労務管理の分野で資格といった場合、職能資格制度を思い浮かべる。これは社内資格であり、その社内でしか通用しない。しかし、世間一般に資格といった場合、多くの資格が学校で取得できる範囲はより広い。資格制度で重要なことは、その「資格」の信用が何によって担保されるのかということである。その業界団体（学会を含む）なのか、あるいは国家なのかということで信用度は変わってくる。

臨床心理士が河合隼雄を中心とした取り組みによって、一九八七（昭和六二）年に資格化されたのは、この信用度を高めるためであった。河合は二〇〇七年に亡くなったが、臨床心理士を国家資格化しようとする流れはその延長線上にある。これらの変化によって社会的認知度と信用度はいっきに上がる。しかし、カウンセリングの技能を資格化することが可能であるのかどうかには異なる立場がある。また、国家資格化して業務独占をすれば、他の考え方との社会的信用度に格差が生じる。その信用は、国家によって技能やその習得過程（教育訓練システム）などが総合的にお墨付きを与えられることで生まれるものであって、社会（およびそこに属する人たち）が技能そのものに資格を与えるわけではない。こうした信用の多寡はひいては賃金水準に大きな影響を与える。

ただ、こうした国家資格があるにもかかわらず、低賃金におかれている職種がある。具体的には保育士などが典型的な事例である。資格による信用度のみではなく、使用者側の支払い能力の問題もある。国家資格があるにもかかわらず労働条件が低いというのは、その原因を単に個別の経営者や使用者の能力に帰すべきではなく、業界全体の構造にも原因があるということを考えなければならないだろう。

コラム⑥

人的資本と組織の経済学

ベッカーが提唱した人的資本論は労働経済学を大きく転換させた。労働経済学における主流派は長い間、制度学派と呼ばれる人たちであった。なかでも有名なのはダンロップである。彼らには理論への志向がないわけではないが、調査を研究の基盤に置くことに特徴があった。ダンロップは労働者が易しい仕事から難しい仕事へとステップアップする現象を「ジョブ・ラダー」と呼んだ。また、1950年代当時、社会学のタルコット・パーソンズの理論を借用して、労使関係の理論を構築しようと試みたことがあった。当時、経済学の世界で「労働」現象を説明するのが困難とみなされていたからである。

これに対して人的資本論は、賃金カーブから長期雇用という現象を、経済学の理論的操作によって説明したものである。人的資本論とジョブ・ラダーの概念を受け継ぎ、発展させたのが1971年のドリンジャーとピオリの内部労働市場論だった。企業内を一つの市場とみなすアイディアはやがて興隆する組織の経済学とのあいだを有効に橋渡しする役割を果たした。組織の経済学は1930年代にロナルド・コースによって端を開いたが、本格的に展開するのは1980年代以降である。今までの経済学では捨象されていた（≒考えないことにしていた）、市場で取引すること自体に費用がかかる現象を取引費用として説明した。この概念によって情報の費用という考え方が出てきて、内部労働市場にさまざまな新しい解釈を与えた。その一つを紹介しよう。会社は労働者が働き者かどうかわからない。そこで長期の観察で見極める。その観察費用を取引費用とみなし、外部市場よりも内部市場（企業内）の必然性を説く。

ただし、新しい解釈は古い解釈を否定するものではない。あくまで現実の切り取り方の別の行き方である。近年の実証論文では、一つの理論ですべてを説明しようとは考えず、それぞれを仮説理論としてどの程度現象を説明できるかを検証している。

第7章 賃金政策と賃金決定機構

第二次世界大戦後のマクロ経済政策としての賃金政策ないし所得政策は何よりもインフレと賃上げをどのようにコントロールするかということがポイントであった。日本では結果的に労使が賃上げ水準をコントロールしたため、所得政策が必要なかった。この賃上げ水準を決める労使の賃金決定機構では、賃金統制期の政策として登場した平均賃金の考え方が重要な指標として継承されていた。

賃金政策と賃金決定機構の距離

賃金政策（ないし所得政策）について説明するのは困難である。なぜなら、日本における賃金政策といえば、いまでは賃金統計の作成と最低賃金を唯一の例外として存在していないからである（強いていえば、人事院勧告〈公務員の給与水準〉を含めることができるだろう）。また、所得政策にしても、議論の中心になるのは所得再分配政策、すなわち所得の高い人から徴収した税金をどのように所得の低い人に還元するかという話になってしまう。

もちろん、賃金が経済の重要な変数である以上、労働市場政策、より視野を広げれば、マクロ経済政策でも取り上げられる。しかし、賃金そのものに焦点を当てた政策ということになると、歴史上、日本に賃金政策が存在したのは戦時期から敗戦直後、すなわち賃金統制の時期だけである。誤解を恐れずにいえば、戦時賃金統制のなかで発明された「賃金総額制限方式（平均賃金のコントロール）」が戦後、春闘などの労働組合による賃金交渉のなかに取り入れられたため、結果的に賃金政策の必然性が薄れたのである。そうした代替機能が働いていたからこそ、一九七〇年前後に欧米で展開された所得政策が日本にもやがて必要になる可能性があると議論されたにもかかわらず、結局、見送られたのである。

欧米の場合、すでに労働組合の賃金交渉の力が強かったため、過度な賃上げ（賃金価格の上昇）が行き過ぎた物価上昇（インフレ）につながることを防ぐという目的によって、所得政策がスタートした。しかし、日本においては戦争開始直後および敗戦直後には物価上昇が所与であって、そのなかで賃金政策が策定され、その後、労働組合の賃金交渉が一国の賃金(ないし所得)に大きな影響を与えるようになった。こうした歴史的文脈を考えるとき、日本の場合、いわゆる賃金決定機構(組合の賃金交渉がどのように一国の賃金を決めるか)を単独でみたり、賃金交渉の本質が何かという問題を考えたりするのではなく、大きな賃金政策という枠組みのなかで、賃金決定機構の位置づけを包括的にとらえるほうがよいだろう。

賃金統制のはじまり――熟練工の移動防止と高賃金の抑制

抽象的に表現すると、賃金(労働力商品)にかぎらず、一般的に財(経済学の用語で商品のこと)やサービスの価格は、需要と供給によって決まる。人間がほしいと望むものにたいして、財やサービスといった資源(リソース)は有限である。したがって、財やサービスの希少性が高いと価格も上がる。

もう少し分かりやすくいうと、景気が好いときには、企業は人を増やしてこなせる仕事量を増やそうとするので、求人を増やす。多くの企業で求人が増えると、労働者はよりよい労働条件の求人に応募したいと考える。その結果、企業のほうは求人条件をさらに上げなければならない。一九三〇年代後半に起こっていたのはそういうことである。満州事変以降、日本の重工業化が本格的に展開すると、熟練工不足が問題になった。事業所は熟練工を確保するために、賃金を引き上げざるを得ない。当然、人件費は上がるのだが、それを上回る利益が確保できるかぎり、事業所はそれに応ずる。結果、熟練工の賃金は上昇したのである。さらにまだ熟練工になる以前の未経験工についての青田買いもおこなわれた。一九三九（昭和一四）年に賃金統制がはじまった当初、政策的な目標は、この未経験工の初給賃金（初任給）の高騰を抑制することだった。したがって、重要なのは「最高賃金」を設定し、それ以上の賃金を認めないことだったのである。ただし、同時に「最低賃金」も設定した。この段階ではまったく何の意味もなさなかったこの措置が、のちの最低賃金の濫觴《らんしょう》になるのである。

価格等統制令と賃金臨時措置令の不備

日米戦争に先駆けて一九三九（昭和一四）年に、ヨーロッパで第二次世界大戦がはじまると、いっそうの物価上昇が起こった。政府はこれに対応するため、特定の物価を九月一八日時点の価格で凍結する価格等統制令を出した。これに呼応するかたちで一年の時限立法として賃金臨時措置令が発令された。この時点ですでに賃金統制令によって賃金規則の提出は求められていたが、これによって常傭工（常傭は臨時に対応する言葉で戦後の「本工」の意味に近い。現在だと正社員ブルーカラーに語感的には近い）の賃上げも凍結された。ただし、昇給（賞与の増給）による増給のみは届け出れば、審議のうえ許容された。すなわち、物価統制（政策）と賃金統制（政策）は連続的にとらえられていたのである（ただ、実務上はほとんど連携がとれていなかった）。

ところが、この価格等統制令はきわめて不十分なかたちでしか機能しなかった。米と煙草の公定価格が一一月四日に引き上げられたのを皮切りに何度かの価格改定がおこなわれた。また、そもそも特定の商品について統制ができなかった。その結果、代替品がかえって値上がりする事態が起こった。具体的にいうと米価は統制したが、生鮮食料品は統制の対象外であった。そのため、賃金の増給をストップさせられてしまった職工たち（この時点では機械工業・金属工業・鉱業からサービス業を除く製造業の常傭工のみ）は、生活必需品の値上げによって実質賃金がいちじるしく下がってしまい、たちまち生活苦におちいることになった。この事態にたいして総同盟はただちに家族手当を要求した。これが受け入れられて賃金統制のなかで家族手当が統制外と認められるようになり、厚生省もこれを積極的に推し進めるようになった。このように賃金統制を避ける手段として手当が宣伝され、厚生省の指導を受けた一部の企業（事業所）で取り入れられるようになっていったのである。

第二次賃金統制令と「賃金総額制限方式」——統制から外されたもの

賃金臨時措置令の期限が切れるのを機に、賃金統制令と賃金臨時措置令の矛盾する点を整理しようとして、新しい賃金統制令（一般に第二次賃金統制令と呼ばれる）が施行された。ここで厚生省は「賃金総額制限方式」という新しい統制方法を考え出した。

賃金総額とは平均時間割賃金に総就業時間を乗じたものである。運用は平均時間割賃金を基準にしておこなわれる。定義でいえば、「標準額」は平均時間割賃金のひとつ、とくに地域単位で区分されたものである。この「標準額」に地方長官が上下の「アロウアンス（許容幅）」を付して、各工場の平均時間割賃金の認可の基準とするのである。

賃金総額制限方式は要するに、個別労働者の賃金を全部積み上げた賃金総額を総就業労働時間で割ることで平均賃金を求め、そこに適当な余白を付け加えてこれを統制の対象とするのである。また、平均時間割賃金の額は「男女、業種及年齢等適当ナル区分ニ依リ定ムルコト」となっており、より詳しくいえば、年齢階級は二〇歳未満、三〇歳未満、三〇歳以上であった。加えて、総額を超える場合に許可を得るための例外的な条件規定が設けられていた。

賃金総額制限方式を採用することによって、厚生省は明確なメッセージを一つ出した。それは個別企業の賃金規則には介入しないということである。第4章では「賃金形態ニ関スル指導方針」をめぐる厚生省の賃金思想を詳しく検討したが、その際も実際には強制力がなかった点を記しておいたように、統制でありながら、強制力を発揮しなかった点がポイントなのである。あくまでも指導なのである。中央賃金委員会で高橋亀吉が賃金規則に触れないと実際の統制は効力を発揮し得ないのではないかと問いかけたのにたいし、持田労働局長は個々の労働者の賃金を管理することは不可能であるという旨を答弁している。

賃金総額制限方式の特徴は平均賃金による統制を打ち出したことである。これは結果的に戦後の「ベース賃金」や「ベース・アップ」の考え方を先取りすることになった。こうして厚生省が社会政策的賃金という生活を重視する独自の指導思想をもっていたことが、戦後の生活苦のなかで労働組合に利用されていくことになったのである。

労働運動の興隆と戦後の賃金決定方式の誕生

敗戦後、とりわけGHQ（連合国軍総司令部）によって、封建主義の日本を民主主義国に変革させるというプロパガンダが拡められ、日本人も敗戦後の解放感のなかでそうしたプロパガンダに乗った。GHQは着々と労働運動を興隆させるための政策を打ち、実際に効果を得たのである。ただし、後年、オーラル・ヒストリーによって、当時の厚生省（のちに労働省）の官僚が実際の政策をつくり出していったことをGHQの担当者が明らかにしている。賃金関係では賃金統制を担当した大橋武夫（厚生省賃金課長）や金子美雄（労働省給与課長）、また、戦後の一九四六年からは大蔵省給与局のメンバーが活躍した。

工場労働者が労働規範をつくるときに大きな役割を果たしたことはすでに指摘したが、敗戦後には工場労働者だけが労働運動をになう主体ではなくなった。もっとも根本的な変化はホワイトカラーがブルーカラーに加わったことである。労働法規も工場法から労働基準法に代わり、その適用範囲にホワイトカラーが含まれるようになった。さらに、従来は労働運動を展開していなかった公務員や教職員などにも組合運動が広まった。とりわけ、官公労は産業が十分に復興していない状況下で折からのGHQの労働運動活性化の方針と相まって、敗戦直後の労働運動の中心をになった。

当時の労働者の要求は、とにかく生活を維持することであった。いわゆる生活給思想も当然、その延長線上でとらえるべきである。この時期に労働組合から発せられたのは最低賃金の保障である。これより以前、日本では第一次世界大戦期のインフレとそれにたいする労働運動の活発化によって賃金と生活の関係が注目され、さらに折からの科学的管理法の流行から能率賃金（出来高賃金）が増えたため、出来高賃金における最低保証給が生まれ、流布したという経緯がある。ただし、これらの最低賃金と現行の最低賃金は別のものである。第8章で詳しくみるが、現在のような最低賃金制度が国家による法定として確立するのは一九五九（昭和三四）年である。

官公庁の機構改革と六〇〇円賃金

敗戦当時、官公庁の給与全般の主管官庁は大蔵省の主計局給与係であったが、折からの労働運動の興隆およびそれを推進したGHQの意向もあり、局に格上げされ給与局が新設された。主計局給与係の最後の仕事が六〇〇円案（六月案──一九四六年六月に出されたため）である。この六〇〇円案にはいくつかの特徴があった。

第一に、賃金体系が俸給表一本の通し号俸に統一された。これに先立って一九四六（昭和二一）年初頭に内閣法制局の手によって戦前のホワイトカラー職であった官吏・雇人とブルーカラー職であった用人の身分差の撤廃が実行され、賃金制度がその措置に呼応するかたちになったのである。第二に、敗戦後の省庁ごとの小刻みな物価手当、家族手当の引き上げ、地域手当の新設などによって凸凹になっていた給与を平準化するねらいがあった。そのためにこの改定にもとづいて本格的な給与調査がおこなわれた。第三に、この単純な賃金体系にあってはスケールを一本にすることができたため、単純な平均賃金（賃金ベース）の考え方が有効であった。

労使交渉による賃金ベース協定

労働運動の興隆にもっとも寄与した争議は一九四六（昭和二一）年一〇月の電産争議である。賃金に関連するところでは、生活費を基準とした最低賃金制度を要求したことで知られる。いわゆる生活給要求のはじまりである。だが、電産争議は要求した賃金制度よりも新しい労使関係秩序を顕在化させたことで戦後の労働問題の大きな起点になった。すなわち、新設された中央労働委員会（中労委）が大きな役割を果たすことが明確になったのである。以後、中心的組合であった国鉄、全逓はそれぞれの交渉相手である省庁との折衝を早めに切り上げ、中労委に持ち込むようになる。当時の全逓は、逓信省が郵政省と電電公社（ＮＴＴに民営化する前の公企業体）に分離する前であり、郵便関連と電電関連の労働者が加盟する単一組合であった。この全逓と国鉄が中心になって官公労がまとまり、共産党系の産別会議だけでなく、社民右派の総同盟、日労会議までも加わり、二・一ゼネストの機運が高まっていく。

二・一ゼネストはマッカーサーの指令によって中止させられた。このため、戦後史のなかでは一般にＧＨＱの占領政策の方針転換として語られる。ＧＨＱは共産党を含めた労働運動を育成する立場から、その弾圧に方針を転換させたというのである。当時、二・一ゼネストに際して共産党は「民主人民政府の樹立は民族的任務」として声明を出すなどの指導にあたっており、事実、徳田球一書記長も労使交渉の席に同席し、重要な役割をになっていた。また、労働運動の勢いにストップをかけたという観点から注目すると、わが国で公務員の争議権が認められなくなったのも二・一ゼネストがきっかけである。しかし、賃金や労使関係を勉強するために本書が注目したいのは、政治的な動きとその帰結ではなく、二・一ゼネストに前後しておこなわれた賃金交渉であり、その結果としてゼネスト中止後にいわゆる一六〇〇〇円ベースが締結されたことである。

ここで重要なことは労使交渉におけるストライキの意味を確認することである。ストライキそのものには、組合や争議組織が統制のもとにおこなうものと、自然発生的におこなわれるもの（山猫ストと呼ぶ）の二種類がある。山猫ストのように労働者の不満が制御し得なくなってストがはじまる場合、ストそのものが祝祭のようなカタルシスになり得るかもしれないが、ここではストライキを交渉プロセスの一部ととらえておきたい。すなわち、二・一スト前夜、政府当局（大蔵省給与局）と組合は賃金交渉の妥結額を模索しており、政府側は中労委から提示された一二〇〇〇円ベース（その前は六〇〇〇円ベース）を飲んだ。しかし、ストライキに賃金交渉以上の意味、すなわち革命の可能性を見出していた組合はこれを蹴った。二・一ストはマッカーサーの命令により中止に追い込まれたが、この国民的規模に発展したストライキの幕引きとして官公職員待遇改善委員会という名称で事実上の団体交渉がおこなわれ、すぐに二〇〇〇円プラスした一四〇〇〇円ベースが政府から提示された。そこからさらに労使ともに賃金を専門とする委員による小委員会が十数回にわたって開催され、五月にはついに一六〇〇〇円ベースで妥結したのである。

こうしたストライキ前後の経過と妥結結果を交渉の帰結として評価すれば、二・一ストは必ずしも労働側の敗北とはいえない。それどころか、ストライキを実際に打たなくても、十二分に交渉を有利にすすめるカードになり得ることを端的に示した事例ということも可能だろう。

公務員の賃金ベース――所得政策と参照水準

戦後の賃金論のなかで最初に注目されるのが、いわゆる電産型賃金として生活給が要求されたことである。生活給か能率給かというのは、戦時期の定額給（月俸）か出来高給かという議論と型を同じくしており、これは賃金体系の問題であるといってよい。しかし、この当時、現実的に優先順位が上位の重要事項は賃金体系の問題ではなく、ハイパーインフレーションのなかで生活を維持するだけの賃金水準を確保することであった。

敗戦後、公務員の賃金ベースはいくつかの意味で重要性をもっていた。第一に、統制経済下において政府が価格を公定するという条件のもとで、政府当局者は賃金と物価の関係を相対的に先導する立場にあった。物価と賃金の関係は切っても切り離せないものであり、したがって、賃金政策は物価政策と連動しており、事実上の所得政策になっていた（所得政策については第8章でも触れる）。第二に、現在の公務員の給与水準は民間準拠の人事院勧告方式だが、それ以前は労使交渉によって決まったため、逆に、この水準を民間が参照水準にするというかたちになった。ここにおいて平均賃金方式が重要になり、これが結果的にその後の春闘にも引き継がれたのである。

物価と賃金—消費者物価指数（CPI）の登場

敗戦直後の日本においては賃金体系の変化よりもまずは絶対的な賃金水準が重要な問題であった。ハイパーインフレによってそのままの賃金では生活が維持できなくなってしまうからである。ここで重要な考え方として実質賃金と名目賃金を学習しておこう。

名目賃金は賃金の額面である。たとえば、いま、一か月で二六〇〇円の給料をもらっているとする。計算を簡単にするために差し当たり貯金は〇円で、毎月全額を生活費にあてていると仮定しよう。今、翌月から賃金が三一二〇円になれば、二〇%の昇給である。ところが、物価上昇率はハイパーインフレによって月五〇%である。この場合、翌月からかかる生活費は三九〇〇円という計算になる。これでは前月の八〇%に生活水準を落とすしかない。名目賃金では二〇%の賃金上昇しているが、事実上の賃金の価値は二〇%下落している。すなわち、実質賃金は二〇%の下落である。物価上昇が激しいときは、生活を維持するために賃金を上げなくてはならないことがよくわかるだろう。

ところで、敗戦直後、建前上、すべての価格は統制価格であった。だが、よく知られているように、多くの商品は闇市場で取引されていた。すなわち、統制価格を据えおいても事実上の物価は上昇していったのである。この状況で占領軍によって物価をできるだけ正確に把握しようとして導入されたのが消費者物価指数（Consumer Price Index; CPI）であった。大蔵省給与局の今井一男によれば、これは全国二八都市、五五〇〇人以上、二人以上の家庭の現実的家計費を金銭と物量からとらえようとするものであった。これが一六〇〇円ベースのときの数字を出す根拠として利用されたのである。

生活給賃金から能率給賃金へという転換

一九五〇（昭和二五）年前後の生活給賃金から能率給賃金への転換を考えるにあたっては、労使の攻守交代を確認しなくてはならない。すなわち、二・一ストで労働攻勢の潮目は変わった。また、折からの中華人民共和国の誕生で、アメリカは極東アジアにおける戦略を転換せざるを得ず、その帰結として日本ではいわゆるドッジ・ラインが敷かれ、経済安定九原則のもとで賃金安定策の確立が謳われた。ここにおいて企業における合理化圧力が強くなった。一九四九（昭和二四）年に施行された新労働組合法では労働協約の自動延長がなくなり、一定期間を経過した労働協約は労使どちらかが継続の意思を示さなかった場合、自動的に破棄されることになった。これを機にいわゆる「無協約」時代が到来し、いよいよ本格的に労使の攻守が逆転する。

本書では能率給と生活給がかならずしも対立しないことを繰りかえし説明してきた。しかし、労使交渉においてはしばしば事態を対立的にとらえ、旗幟《きし》を鮮明にすることが優先される。それ自体は否定すべきことではないが、こういったスローガンは事実そのものとして理解するよりも、単純な構図でとらえることが適当である。たとえば「生活給賃金から能率給賃金へ」に関していえば、敗戦直後は労働運動が攻勢であり、その勢いを背景にした生活給を企業側は受け入れなければならなかった。それにたいし、日経連などの経営者団体はドッジ・ラインを契機に事業経営上の能率を重視する立場から、生活給を相対化し、能率給推進の立場を明らかにした。ここから読み取れることは、労使が対立的であること、そして攻守が逆転したということである。本書ではこのような「生活」や「能率」のとらえ方が、近代社会が興隆してくる時代において、いかに狭いものであるのかを繰りかえし説明してきたが、一般的にいって「生活」と「能率」はしばしば対立するものととらえられてきたし、現代でもその見方は継承されている。生活から能率への転換は先に触れた労使の対立の構図に上乗せされたという面が大きい。しかし、同時にこの乗せられた符号は、労使それぞれのめざすべき方向性を示していることも見過ごすことはできない。

明治以降の日本の歴史を概観するに、国民が食べるのに困った時期は何回かある。そのなかでも一九三〇年代の東北地方など地域別の事例は多数あるが、国民全体が食べていくのにもっとも困ったのは間違いなく敗戦後の数年間である。その時代にとにかく「生活」が優先されたのは不思議ではない。とりわけマクロ経済的にみれば、当時はハイパーインフレの時代であり、まずは全体の賃金水準が重要であった。しかし、それはきわめて異常事態であり、平常時は「事業能率」と「労働者（ないし従業員）の生活」の二つは共存し、その間のバランスをとっているのである。

個別賃金要求方式の登場

ベース・アップ要求方式は一本の賃金水準をめぐる交渉であった。これにたいし一九五〇年代に入ると、徐々に個別賃金要求方式という新しい交渉方法が生み出された。個別賃金要求方式とは賃金制度（賃金表）における代表的な指標（個別銘柄）別に賃上げを要求する方式である。この方式はその後、進化を遂げ、現代ではさまざまなタイプが存在しているが、初期は生活給が主体であった。

個別賃金要求がはじまった当初、アメリカ由来の職務給を定着させることが人事労務管理者たちの最大の課題であった。職務給自体は一九三〇年代から研究を重ねられていたのだが、ある時代の労務管理者や労働運動家が前の時代におこなわれていたことをていねいに勉強するとはかぎらず、いまでもアメリカから一九五〇年代に輸入されたものと理解している人が少なくない。職務給（および職階制度）の導入は一九五〇年前後の企業合理化の流れのなかですすめられてきたが、組合側はこれに反対し、生活給を主張した。ここにおいて「標準労働者方式」という考え方が登場してきた。すなわち、年齢や平均扶養家族などによって設定された標準労働者の賃金を要求していく方式である。

当時の賃金要求には生活防衛という側面が強く、そのことはこの要求が具体的には産業別最低賃金とセットになっていたことからも知られる。「標準労働者」という考え方はその後、日本的な福祉国家が構築されていく際に取り入れられ、結果的に現在の労働問題、非正規労働者、とりわけ主婦パートを中心とする女性労働者との関係において影を落としている。この点は第8章で改めて説明しよう。

定期昇給とベース・アップ

個別賃金要求からやや遅れて注目されたのが定期昇給である。「定期昇給」という言葉はすでに明治期に用例があり、一九五〇年代以降に生まれた言葉ではない。もともとは三か月や半年、一年など定期的におこなわれる昇給を意味した。労働移動の激しかった明治期の紡績職工などには一年以内に六回以上の小刻みな自動昇給があったが、これは完全に勤続奨励を企図していた。大正期に入って、一〇年勤務の長期定着層が形成されると、一回の昇給額が増えるとともに昇給回数は次第に減っていった。おそらくは事務手続き上の繁雑さを避けるためであろう。明治期にあっても紡績職工にも考課昇給と呼ぶべき昇給があった。自動昇給を繰りかえした日給額がある金額に達すると、そこから先は半年に一回、査定つきでの昇給になるのである。こうした考課昇給は軍工廠など重工業セクターにもみられた。職員にも同様の昇給があった（自動昇給があったかどうかは定かではない）。ただし、これらの定期昇給においては原資などが労使間で問題にされることはなかった。経営管理上はもちろん重要な問題だが、この時代はまだ友愛会が登場する前であり、労使交渉そのものがなかったから、労使間では問題になりようもなかったのである。

一九五〇年代に「定期昇給」が経営側から提示されたのは、「ベース・アップ」に代替させるためであった。敗戦後、ベース・アップがおこなわれたのは、労働側の攻勢もあったが、マクロ経済的な条件としてハイパーインフレがあったためである。名目賃金を上げなければ、実質賃金は低下してしまう。インフレは、仕事の能力や生計費といった個々人（ないしその世帯）と関係なく、全員に等しく影響する。したがって、賃金表全体の数値を書き換える必要がある。これに対し、定期昇給は賃金表の改訂をおこなわずに、個々の労働者が次の段階に昇給することを意味している。

春闘のはじまり

ドッジラインによってハイパーインフレが収束し、朝鮮戦争の恩恵もあって戦前の実質賃金水準を回復したことで、賃上げ圧力も一息つくことになった。日経連などの経営側から定期昇給が提示され、労働側から新しい個別賃金要求が生み出されたのもこうしたことを背景にしていた。一九五〇年前後は労働戦線も激動の時代であり、左右両方をうちに抱えた当時の総同盟、とくに高野実（左派）が中心になって新しいナショナルセンターとして総評をつくり、総同盟はそこに加入するに及んで解散するか否かで大騒動になった。その結果、左派の総評、右派の同盟（組織再編）という体制が確立した。

一九五四（昭和二九）年に総評の事務局長選で高野実と太田薫（合化労連）が争い、辛うじて高野が再選を果たした。太田は、政治的要求を経済的要求より優先させ、労組本来の闘争を地域住民全体に解消させている高野の「ぐるみ闘争」を批判し、「産業別統一闘争」を主張した。翌年の事務局長選では高野は岩井章に敗れ、あわせて賃金担当の副議長の太田薫が再選されたことで、いわゆる岩井・太田ラインが完成し、春闘を先導していくことになる。一九五四年末、産業別統一闘争強化をはかるため、炭労、私鉄、合化労連、電産、紙パ労連による五単産共闘会議が設定され、翌年の春には全国金属、化学同盟、電機労連（総評には未加入）が加わって八単産共闘が組織された。これを受けて一九五六（昭和三一）年には総評は「春季賃上げ合同闘争本部」を設置し、組織的に春季賃金闘争を指導する体制が構築された。折からの神武景気のもとでの賃金闘争だったこともあり、平均一〇％

の賃上げを獲得した。

春闘の展開

一九五五年の秋、総評は一九五六年春の春闘交渉の行動計画を立て、いわゆるスケジュール闘争の原型を示し、実際に民間企業において定昇プラスアルファを勝ち取った。スケジュール闘争には、高額妥結が期待される産業を先頭に立てて賃上げを勝ち取り、これに準拠して他産業の賃上げに波及させるねらいがある。この準拠されるべき相場をつくり出すのがパターンセッターである。翌一九五七年の春には一九五六年夏の人事院勧告が基準になって、私鉄総連と炭労が高額回答を引き出すことになった。このパターンは一九六〇年の人事院勧告（一二・四％）を受けた一九六一年春闘でも繰りかえされることになる。こうして一九五〇年代初期は公益的色彩の強い私鉄がパターンセッターになり、また公共部門の影響力も強かった。

一九五九（昭和三四）年、総評と中立労連が春闘共闘委員会を立ち上げ、秋に交渉していた鉄鋼労連と全造船労組も春闘に加わることになる。一九六〇年代前半、総評は鉄鋼業を中心としたスケジュール闘争を組みはじめたものの、一九六二年春闘は妥結までが長引くなど戦術的にはかならずしも成功したとはいえなかったが、それでも定昇なしの妥結額一八〇〇円は大きな影響を与えた。鉄鋼労連は一九六三年に有名な「ヨーロッパ並みの賃金」を要求することになる。決定的な転換は一九六四年である。この年に大きな出来事が二つあった。一つは国際金属労協の日本協議会であるＩＭＦ‐ＪＣ

（金属労協）が結成されたこと、もう一つは公務員給与を民間準拠で決めるとした「池田・太田トップ会談」がもたれたことである。これによって公的部門の役割が限定化していった。

ただし、総評傘下の鉄鋼労連から一九六四年時点でＩＭＦ‐ＪＣに参加したのは八幡単組と中山製鋼単組の二つだけであった。正式に加わるようになるのは一九六六年のことである。一九六七年にはＩＭＦ‐ＪＣが「賃金闘争連絡会議」を開き、同盟もまた賃金闘争として春季の賃金交渉に加わるようになった。六七年春闘はいわゆるＪＣ春闘と呼ばれ、鉄鋼業は生産性向上分を分配すべくストなしの一発回答で妥結し、これが相場をつくった。

生産性と賃金

一九五五（昭和三〇）年は保守合同、すなわち自民党ができた年である。そして、それに先立つ社会党の再統一と相まって、いわゆる五五年体制が確立した。同時にこの年は労使関係にとっても分水嶺となる出来事が二つあった。一つは、先にも触れたように、この年、初めて八単産共闘が組織され、春闘の先鞭をつけたこと。もう一つは、使用者側の動きで、日本生産性本部ができたことである。これによって生産性運動が本格的に展開する。生産性運動は東西冷戦構造のなかでアメリカの世界戦略の一環としておこなわれた。生産性運動を資金的に支えたＭＳＡ資金は一九五一年に締結されたアメリカの相互安全保障法にもとづくものであり、これはアメリカのヨーロッパ支援であるマーシャル・プランのあとを引き継ぎ、軍事支援を軸に技術支援をおこなうものであった。

生産性の問題を考える際にはいくつかの次元を想定する必要がある。次元の低いほうから順番に書けば、工程別（現場）、事業所、企業、産業、国家（国民経済）であり、それぞれの次元の生産性がある。それは、労働組合の事業所組合（企業別組合の支部）、企業別組合、産業別組合、ナショナルセンターと対応している。

生産性向上運動にたいして右派の同盟、全労会議系はおおむね賛成し、左派の総評は反対した。両者のあいだには根本的なイデオロギー的対立があるけれども、その点は捨象して、考え方の違いを整理しておこう。生産性の向上とは、企業レベルでいえば効率よく利益をあげることであり、国家レベルでいえば効率よく国民所得を増やすことである。一つ目の考え方は、増えた分の富が労働者に還元されるならば、それは良いことだと考える。じつはテイラーの科学的管理法の発想も同じである。これにたいして二つ目の考え方は、たとえ国民所得が増えそれが自分たちに還元されるとしても、それはかならず労働強化をともなうものであり、それならば現状維持がよいと考える。これが技術革新にたいして反対する理由である。

一九世紀以来の欧米のトレード・ユニオン的な労働組合は伝統的に後者の立場をとっており、左派が右派の協調的労使関係を批判してきた根拠はここにある。実際、同盟は早い段階で生産性向上運動に協力する姿勢を打ち出したけれども、それは労働運動の歴史としても早いものであった。その先鞭は、一九二二年、ＡＦＬ（American Federation of Labor、アメリカ総同盟）金属工業部門が製造工業の生産性上昇率によってアメリカ海軍工廠の賃金を算定することに賛意を表し、二五年にはゴンパースのあとの会長を襲ったウィリアム・グリーンが国民総生産の変化率によって賃金水準を調整しようとしたことに求められる（海軍工廠は科学的管理法をもっとも熱心に導入したところである）。グリーンの発想はイギリスでも容れられ、ＴＵＣ（Trade Union Congress、イギリス労働組合会議）議長は一九二六年大会の冒頭演説で生活賃金思想に加え、国民生産の指標を取り入れるべきことを示唆した。しかし、これらの流れは思想的な潮流で終わってしまった。それが再び陽の目を浴びるのが一九五〇年代であった。

これに対して日本では総同盟が戦前、能率上昇に協力することを謳い、会社側と協力関係を前提に労働協約を結ぶことを重要な戦略としていた。その代表例が東京製綱である。戦時期、大日本産業報国会が結成され、総同盟は解散に追い込まれたので、組織的には戦前と戦後に断絶があるが、生産性向上を志向するという点では総同盟の考え方は産業報国会の発想と通底する部分があり、思想的な意味では断絶ではなく、継承された側面がある。実際に、松岡駒吉などは産業報国会に参加しなかったが、積極的に協力した人たちもいた。戦後の同盟においても、生産性向上への協力という点は継承されている。

計画経済の時代

日本では一九五五年から高度成長がはじまるわけだが、その前に経済計画（あるいは経済成長政策）についての前提となる知識を整理しておこう。まず経済体制として一九二〇年代から連続的にとらえておくことからはじめたい。一九二九年、ウォール街に端を発するブラックマンデーから連鎖して世界大恐慌が起こった。レーニンからスターリンに変わったソビエト連邦では前年にすでに最初の経済五か年計画を立案しており、これによって恐慌を乗り切った。一九三〇年代は欧米の失速とソ連の成功（少なくとも一九五〇年代までは多くの人に信じられていた）によって、世界的に資本主義の終焉が実感として迫り、同時に社会主義の可能性が信じられていた。折から、第一次世界大戦後のベルサイユ講和による賠償金の影響で未曾有のインフレに苦しむワイマール・ドイツの人々は、国家社会主義政党であるナチスを選び、ヒトラーは一九三三年に経済四か年計画を発表していく。アメリカにおいてもルーズベルトが一九三三年から三六年にかけてニューディール政策を実施した（ニューディーラーは日本の占領政策にも深い影響を与えた）。

高度成長以前の日本では、人口が過剰であると考えられており、海外移民は重要な事業であったが、南北アメリカ大陸への移民が禁止されたことで、満州に活路を見出すことになった。一九三七（昭和一二）年には満州「産業開発五か年計画」が策定され、満州では統制官僚たちが新しい国家を建築しようとした。戦後、こうした経済計画は、吉田茂の計画嫌いのために一時的に中断したものの、「長期経済計画」（一九四六年）、「経済復興計画」（一九四七年）から経済安定本部の後継組織である経済企画庁による鳩山一郎内閣の「経済自立六か年計画」（一九五五年、後に五カ年計画）、岸信介内閣の「新長期経済計画」（一九五七年）、池田勇人内閣の「所得倍増計画」（一九六〇年）に引き継がれていくことになった。

戦後、西側諸国ではケインズの完全雇用政策を前提にした、ベヴァリッジ報告による社会保障構想をモデルに福祉国家づくりが志向されていた。福祉国家という言葉は、イギリスがナチスを戦争国家と呼び、自国を福祉国家と規定することでつくられた言葉である。日本国内では社会保障施策が本格的にかたちになっていくのは一九六〇年代以降のことだが、すでに敗戦直前からベヴァリッジ報告を政策に取り込もうとする動きはあり、一九五〇年代にいたると完全雇用はもっとも重要な政策目標となった。「経済自立五カ年計画」から「所得倍増計画」まですべて完全雇用が目標とされている。

生産性基準原理と所得政策

日本に労働生産性指標が本格的に導入されたのは一九五〇年代前半のことである。一九四八年に金子美雄は労働統計局長（のちに部に降格）に就任し、一九五〇年に労働統計の研究をするために三か月間アメリカに滞在、労働生産性調査や職業観測などの統計を新たにつくった。金子の指示によって労働生産性関連統計の整備にあたった中心人物が佐々木孝男である。一九五五年、金子は経済企画庁審議官になり、幹部候補として育成していた佐々木を呼び寄せ、二人は「経済五カ年計画」の雇用部門の担当をすることになる。佐々木孝男の名前は後に同盟の「逆生産性基準原理」（後述）を提唱したことで広く労使関係史のなかで記憶されているが、佐々木は日本に労働生産性統計が導入された当時から一貫して第一線ではたらいていた。じつは工程別・工場別・企業別・産業別などのきめ細かい労働生産性比較ができるようになったのは佐々木の力によるところが大きい。

労働生産性と賃金の関係といえば、最初にあげられるのが一九六九（昭和四四）年に日経連が提唱した「生産性基準原理」である。名目賃金の平均上昇率を生産性上昇率の範囲内に収めるというのがその基本的な考えである。ただし、ここまでで終わると話は企業の支払い能力の問題にされてしまうが、本来はそこで終わりではなく、続きがある。もし生産性上昇率以上の賃上げをおこなえば、その分は製品価格に転嫁せざるを得ず、結果的に物価上昇（インフレ）をもたらすことになる。いわゆるコスト・プッシュ・インフレである。したがって、物価安定を達成するためには名目賃金の平均上昇率を生産性の上昇率に収める必要があるというものである。

一九六八（昭和四三）年、一九六九年というのは世界的にインフレが心配され、所得政策が注目を集めた。ただし、一九六〇年代前半の所得政策はかならずしも同じ動機から進められたわけではない。たとえば、イギリスでは国際収支不均衡の是正のため、引き締め政策と緩和政策が繰りかえされ、国際競争の優位性が失われることが懸念され、これを打破するために所得政策が重視された。アメリカで一九六二年にガイドポスト（賃上げ率の目安の数字）が提示されたときに、じつは物価は安定していたため、この措置は成長戦略に反対する勢力への対抗措置のために導入したという見方がある。すなわち、ケネディ政権の課題は完全雇用水準に達するまで失業率を改善させることであり、そのために成長政策が必要だった。反対派は失業率の低下が物価上昇を招く点に反発しており、政府はインフレなしで経済成長を実現することが可能であることを示す必要があったのである。これらにたいし、当時の日本では所得政策とは物価上昇を抑えるための賃金抑制ととらえる見解が一般的であった。

熊谷委員会の所得政策に込められた思想

日本で最初の所得政策を検討したのが熊谷尚夫を委員長としたいわゆる熊谷委員会である。一九六七（昭和四二）年に熊谷委員会報告を発表した。生産性基準原理はこの報告を参考につくられたといわれている。なお、熊谷委員会の事務方となってさまざまな学者のかじ取りをしたのは佐々木孝男である（のちに熊谷は下案を書いたのは佐々木であり、事実上熊谷報告は佐々木報告であったと回顧している）。熊谷委員会報告では所得政策は時期尚早として見送られたが、そこには所得政策にたいする重要な提言がなされていた。すなわち、所得政策を賃金抑制としてとらえるのではなく、物価安定を軸にとらえる必要を訴えていたのである。具体的には、次の三点である。第一に、所得政策の主要目的は満足な雇用および経済成長の維持と物価安定の両立を確保する。第二に、所得政策は賃金（雇用者所得）の抑制をめざすのではなく、利潤その他の非賃金所得、ひいては製品価格の形成についても物価安定の見地から妥当なガイドを設定する。第三に、所得政策は公的な規制ではなく、民間で自制的行動がとられるように誘導の途を講じる。

この三点の意味をより正確に理解するためには、金子美雄から引き継がれた思想を知る必要がある。金子は「経済五カ年計画」ののちも日本生産性本部の生産性成果配分委員会の委員長を務めた。同委員会のメンバーには佐々木のほかに同盟の河野徳三もいた。

ここで労働生産性の意味をもう一度、確認しておきたい。「経済五カ年計画」ののちに出された金子の『賃金論』（一九五六年）をみてみよう。最初に生活水準から説き起こす。すなわち、一人あたりのＧＮＰ（現在はＧＤＰを採るが、この時点ではＧＮＰ）を生活水準とみる。

$$\text{生活水準}=\frac{\text{国民総生産}}{\text{総人口}}$$

さらに、これを展開すると、

$$\frac{\text{国民総生産}}{\text{総労働時間}}\times\frac{\text{総労働時間}}{\text{就業者数}}\times\frac{\text{就業者数}}{\text{総人口}}$$

と書き直すことができる。これは言い換えれば、時間あたり労働生産性×労働時間率×就業率を意味している。ここで生活水準を上げるには右式のそれぞれを増加させればよいが、労働時間率の増加（余暇の縮小）や就業率の増加は一般的に生活水準が上がったとは考えない。したがって、生活水準を上げるには時間あたり労働生産性を向上させる必要がある。ここで問題になっているのは、労働の観点からみた労働生産性であり、これは労働能率と違う点に注意する必要がある。めざすべきなのは高価な労働と低廉な資本である。
つぎに賃金水準との関係をみてみよう。

賃金総額＝総生産額×労働分配率

$$賃金水準＝\frac{賃金総額}{労働者数}＝価格×\frac{生産量}{労働者数}×労働分配率$$

これは価格×物的労働生産性×労働分配率となる。なお、ここで生産額を価格×生産量に分解しなければ、付加価値生産性×労働分配率と書き換えることができる。

$$物的生産性＝\frac{賃金水準}{価格×労働分配率}$$

いま、物的生産性が改善されたとする。その要因を右の式から考えると、

1　賃金水準の増加（労働者に還元）
2　価格の低下（消費者に還元）

3　労働分配率の低下（資本〈企業〉に還元）

となる。この式からさらに物価を考えるとすると、

$$価格 = \frac{賃金水準}{物的生産性 \times 労働分配率}$$

インフレ下（物価上昇）においては賃金水準が上昇するか、物的生産性ないし分配率が低下する。これは生産拡大のために低廉な労働を増やして稼働率を上げようとするため、結果的に物的生産性が落ちるか、分配率が下がると考えられる。デフレ期は賃金が下落する。同時に低廉な労働者が解雇されるため、見かけ上の生産性は改善し、分配率も上昇する。二〇〇〇年代でいえば、派遣切りが記憶に新しいところだろう。いま、労働分配率を一定とするならば（実際には当時から産業ごとの労働分配率は不安定であったが）、賃金水準と物的生産性の上昇が同じであれば、価格は安定することになる。すなわち、熊谷報告が生産性基準原理の理論的根拠となった所以である。

一九七五年春闘の帰結――日本型所得政策の誕生と戦後賃金政策の終わり

生産性基準原理が提唱されても、すぐにこれが適用されたわけではなかった。実際には労働側は生

産性上昇分以上の賃金を獲得していた。しかも、一九七三（昭和四八）年のオイルショックの影響を受けた翌七四年の春闘は三〇％を超える賃上げを勝ち取ることになった。これを心配した日経連会長の桜田武は、一九七四年に「大幅賃上げの行方研究委員会」を立ち上げ、七五年の賃上げを一五％、翌七六年は一桁台のガイドポストを提示した。そして、桜田はみずから親友の稲山嘉寛（新日鉄会長、鉄鋼連盟会長）をはじめとした財界人に協力を依頼し、一五％以内で収めるように説得して回った。

労働側も一九七四年には鉄鋼労連会長（ＩＭＦ・ＪＣ議長）の宮田義二が、大幅賃上げがなされたあとの大会で「前年プラスアルファ」方式を否定し、「物価ミニマム論」を提唱した。同盟もまた、政府の物価抑制施策を条件に賃上げ幅を抑制した。こうした労使双方の思惑の結果、一九七五年春闘の賃上げは一五％以内に収まり、七六年は八％以内に収まった。さらに、一九七九年の第二次オイルショックによって石油価格が三倍に上がっても、消費者物価指数は一％か一・五％の上昇に収めることができた。日本型所得政策と呼ばれる所以である。実際、このときの物価上昇をうまく吸収したことによって、日本の労使関係はにわかに世界から注目を集めることになった。

しかし、同時に一九七五年春闘において金子美雄が六七年から就いていた日本生産性本部の賃金決定機構委員会の委員長を退任することになった。それによって毎年の春闘の経済分析を記し、一九六九年から春闘相場の波及過程などの特殊テーマを扱っていた『賃金白書』は頓挫した。金子は、一九七四年春闘の賃上げ率三一・九％を消費者物価上昇率二四％、定昇分三％プラス五％分として、実質賃金率は五％上昇とみており、これは七三年の経済成長率にほぼ見合うものという見解を示していた。

さらに、日経連の「大幅賃上げの行方研究委員会」の報告書にたいしては、賃金コスト・インフレを心配しながら、今回のインフレの原因である輸入インフレおよび政府の需要抑制政策などが取り入れられていない点を指摘しており、一五％というガイドポストの算出根拠に疑問を呈していた。また、一九七五年春闘の賃上げ率については、二五％と二〇％に二つの山を迎え、状況の変化に応じて三〜五％の低下をすると予想していた。大幅賃上げの行方研究委員会では労使ともに金子の数値をとらず、労働側も経営側の提示した一五％を引き受けたのである。一九五五年から公労使の要であった日本生産性本部の賃金部門は研究能力を有する人材を失い、これ以降、衰退していくことになった。

長期賃金計画と逆生産性基準原理

生産性基準原理は、より正確に理解するならば、賃金上昇率の上限を設けるものであり、賃金上昇自体を否定するものではない。しかし、このロジックは実際には一九七五年の春闘以降、経営側から賃金抑制の理由に使われ、そのため、物価が安定していた八四年に佐々木孝男から「逆生産性基準原理」を提言されることになる。佐々木の提言を引用しよう。

「さしせまったインフレの危険がない現状において、生産性の上昇に見合う実質賃金の上昇こそ、国内需要拡大という要請にこたえる道だからである。中期的に考えた場合においても、わが国が自由市場を守り、経済大国としての責任を果たしてゆくためには、これまでの輸出主導型成長パターンを内需主導型成長パターンに転換をはかることが基礎的条件なのである。そのためには、生産性の上昇に応じて、生活向上分を積み上げることが国内需要拡大のために不可欠であり、生産性上昇率を実質賃金上昇率に等しくさせるという意味での、生産性基準原理を貫くことが時代的要請にこたえる道である」

この主張のポイントはマクロ経済政策を基礎としている点である。輸出主導型から内需拡大型への転回を唱えた前川レポートは一九八五年に書かれることになる。

じつは逆生産性基準原理に十数年先んじて一九六七（昭和四二）年に同盟は長期賃金計画を策定し、その発想がそれ以降の賃上げ要求の根拠になっていた。このとき同時に産業政策を制定している。長期賃金計画も同盟の河野徳三が佐々木に相談して作成した。

生産性基準原理はデフレ経済のもとでは影を失い、経営側に残されたロジックは企業レベルの支払い能力になっている。ただし、そうなっていくと、生産性がナショナル・レベルのテーマであったことが忘れ去られ、支払い能力、すなわち企業レベルの問題にされてしまい、二〇〇〇年代以降の生産性の議論が付加価値生産性になったことを考えると、本来目標とされた物価安定の意味がわからなくなってしまう。先に説明した数式は、自分で式をノートに手書きで写し、最終的には物的生産性と付加価値生産性の関係を他人に説明できる段階まで理解する必要がある。

コラム⑦

大きなストーリー

明治時代に日本が新しい産業を興そうとしていたころ、世界は帝国主義植民地の時代であった。国家が領土を拡張し、新しい経済活動をもたらしていた。新興日本は欧米列強に植民地化されないために軍事的競争だけでなく、経済競争に勝たなければならなかった。そうした時代、私益を追求する株式会社においても、機械設備などの資本を遊ばせておくことは国家の損失と論じられた。そこでは現代の社会的企業とは別の意味で「公」的な連帯感をもち得た。欧米では工業が興隆してきたと同時に、労働者層が力をつけてきた。彼らは労働共同体をつくろうとしたロバート・オーウェンのような開明的経営者の思想に影響を受けながら、労働者として連帯を志向した。日本の労働者も社会改良主義を摂取しつつ、さまざまな労働運動を展開していった。

日本の企業や海外企業で働く多くの日本人は今なお、経済競争の世界で生きている。しかし、国家における軍事的競争、経済競争という脅威は100年前に比べて弱まっており、そうした危機意識から「公」意識をもつことはむずかしくなった。また、1980年代に具体的な目標としてきた労働戦線が統一されたため、連帯のめざすべき対象がわかりにくくなっている。連帯や「公」意識をもちにくくなると、大きなストーリーのなかに自分たちの行動を位置づけるのがむずかしくなる。さらに、1991年にソ連が崩壊したために、経済体制として社会主義か資本主義かという大きな対立が消え、翌年にはフランシス・フクヤマの『歴史の終わり』が話題を呼んだが、大きなストーリーは語りにくくなってしまった。また、ストーリーを語るための言葉を提供していた社会科学は専門分化したため、共通の言葉をもつのがむずかしくなっている。歴史のなかで賃金政策や賃金決定機構をみることで、先達がどのように連帯や「公」意識をもっていたかを知り、失われた大きなストーリーを取り戻すきっかけになって欲しい。

第8章 社会生活のなかの賃金

日本が農村中心の社会であったころ、農村に支えられるかたちで低賃金を可能にしていた側面があった。農村社会から工業化社会、さらに消費社会へ移行していくなかで、家族形態や生活のあり方など大きく変貌した。しかし、他方で社会の一部分で低賃金の構造が温存されているところがある。多様化した生活のあり方にたいして、唯一の答えはないが、ワーク・ライフ・バランスを考えるためにも、社会の多様性と賃金のあり方を考えよう。

マタイ書二〇章

現在、労働組合が賃金の理想の一つとして掲げるのは「同一労働同一賃金」（同一労働の定義をめぐった論争のせいで、同一価値労働と呼ぶこともある）である。この考えは多くの労働運動の根底にある。実際に同じ職場で同じような作業をしている者の報酬の差が大きければ、それを不公平であると感じるのは世の常であろう。しかし、そのように感じることがいつの世も正しいと考えられたわけではない。たとえば、有名なマタイ書二〇章のエピソードは同一労働同一賃金の思想とは一見、正反対である。

天国は次の話のようなものである。ある主人は夜明けにブドウ園で働く労働者を雇うために出かけた。彼は労働者をみつけると、一デナリオンで雇う約束をして農場に送った。九時ごろに市場に行くと、何もしないで立っている人たちに「あなたたちもブドウ園に行きなさい、それにふさわしい賃金を支払おう」といった。主人は一二時にも一五時にも同じようにした。そして、一七時に市場に行くと、他の立っている人たちに「なぜなにもしないで一日立っているのか」と問う。答えて曰く「だれも雇ってくれないのです」。主人は彼らもブドウ園に送る。仕事が終わると主人は監督者に「労働者たちを呼んで、最後に来たものから最初に来たものまで賃金を支払いなさい」と指示をする。やがて一七時に来たものから一デナリオンの金貨を受け取る。最初に来たものたちはもっと多くのものがもらえると思っていたが、彼らもまた一デナリオンであった。そして、彼は不平をいう。「最後に来たこの連中は一時間しか働きませんでした。まる一日暑いなかを辛抱して働いた私たちとこの連中を同じ扱いにするとは」。主人は答えていう「友よ、あなたに不当なことはしていない。あなたは私と一デナリオンの約束をしたではないか。自分の分を受け取って帰りなさい。私はこの最後の者にもあなたと同じように支払ってやりたいのだ。自分のものを自分のしたいようにしてはいけないか。それとも私の気前のよさを妬むのか」。このようにして後の者が先になり、先の者が後になる。

結論だけいえば、マタイ書二〇章の教訓は、現代の労働問題を考えるうえではほとんど受け入れることができない。しかし、なぜこのような話が成立するのだろうか。神からの恵み（ここでは一デナリオンの賃金にたとえられている）は平等に与えられていること、見返りの要求を戒めること、他人を妬むことを戒めることといった教訓など、いくつもの解釈は可能であろう。だが、実際には神の恵みのような絶対性は現実の雇用主に求むべくもない。だからこそ、私たち人間は相対的にマシな制度をつくっていくしかないのである。

とはいえ、倫理的な解釈とは別にこの物語から論点を考えていくことは有意義である。たとえば、主人は労働者の何に同情したのだろうか。一つの答えは失業状態である。主人は報酬を約束されてブドウ園で働いていた労苦よりも、働く意欲があっても働く機会が得られない不安な気持ちで一日、失業していた苦しみに同情している。賃金は雇用が前提とされている。したがって、その前の失業の問題と切り離して考えることはできない。これは長いあいだ、雇用維持のために、あるいは解雇された仲間のために、みずからの賃上げを抑制してきた労働組合には悔しいほど明らかなことであろう。失業状態にたいする同情であれば、労働内容は関係ないわけである。

完全雇用政策

失業が社会問題になったのはじつは歴史上、そう古いことではない。昔のヨーロッパでは長いあいだ、失業はその人が怠け者だから働かないために生じると理解されていた。ところが、貨幣経済があまねくいきわたると、景気変動のあおりを受けて、失業する者が多く出るようになった。一九世紀後半から経済学の世界でも、たとえば、就業構造が大きく変わることで、ある熟練が不要なものになり（例―馬車の出現で人力車の熟練への需要がなくなる）、熟練労働者が職を失うというケースが知られるようになっていた。しかし、本格的に失業者が多数出て、その対策が中枢的な政策として考えられたのは一九二九年の大恐慌以降である。このなかで生まれたのがケインズのマクロ経済政策であった。第7章でも述べたように、完全雇用が経済政策の重要な課題の一つとして認識されるようになったのである。考え方のポイントは単純にいえば、景気が落ち込んでいるときは個人消費と企業投資が縮小するから、この分を政府が使うことで（財政支出）、経済の動きを縮小させないようにするということである。

日本では敗戦から一九六〇年代まで経済政策の核の一つにまちがいなく、完全雇用政策があった。ただし、一九五〇年代のホット・トピックはほんとうの失業者がどれだけいるのかということであった。雇用による賃金で生活を営めない者は衣食住だけは農村で面倒をみたのである。これが潜在的失業者の主要な問題である。潜在的失業は完全失業と対になっている。完全失業には失業状態である他に求職活動中（日本の場合、職安で該当する求職活動をおこなうことを意味する）であることなどの要件があり、これを満たさないと失業者としてカウントされない。カウントされないけれども、事実上は失業中であるというのが潜在的失業である。一九四〇年代後半、戦地や植民地からの引揚者が多く存在するという圧倒的な雇用不足のなかで、厚生省（ないし労働省）は「婦人よ、家庭に帰れ」と女性労働者を労働市場から押しやり、それでも吸収できない部分は農村が吸収していたのである。最終的には、完全雇用が達成されたか否かの判断基準には、技術的には、この潜在的失業の把握が論点になった。

賃金ではなく所得である理由

一九七五（昭和五〇）年春闘で労使が賃上げ一五％で妥結し、日本型所得政策が実現されたことはすでに述べた。大幅賃上げの終焉と呼ぶべき現象は、固定為替相場から変動為替相場への移行およびオイルショックによって高度経済成長が低成長経済に移行するなかで、政治的に判断された結果、生まれたものであった。ただ、注意しなければならないのは、それに先立って経済成長、正確にいえば、経済成長至上主義と呼ぶべきものが見直されるようになったことである。たとえば、象徴的には一九七〇年に朝日新聞に「くたばれＧＮＰ」というタイトルで経済成長のひずみを点検するという記事が連載されたことがある。一九六〇年代から公害などの環境問題、住宅問題がクローズアップされ、一九七〇年代前半は経済成長に比して、福祉が向上しないのはなぜか、という問いかけがなされるようになっていた。

第7章の賃金決定機構ではあえて賃金と所得を区別しなかった。にもかかわらず、所得政策をそのまま論じた。その理由は、労使交渉による賃金決定機構に期待されるのは、妥結した労使がその結果を享受することにとどまらず、その結果が参照水準として利用され、交渉を終えた労使以外の賃金にも波及し、さらに雇用ではない家族労働を主とする中小工業や農村の所得にも波及することにあるからである。だからこそ、雇用労働者の賃金は、雇用労働者の賃金だけの問題にとどまらず全国民の所得問題であり、賃金決定機構と所得政策は陸続きにとらえられるのである。問われるべきなのは一九七五年の日本型所得政策でほんとうにあらゆる問題は解決したのかということであろう。この問いを考えるために、私たちは一九六〇年代に何が問題になっていたか、論点をもう一度振りかえっておく必要がある。

一九六〇年前後に取り上げられた最大の問題は二重構造論であった。二重構造論そのものも大事だが、まず二つの極を設定し、その間の格差に注目するという問題設定の仕方、発想の仕方を覚えておく必要がある。この問いの立て方はさまざまな場面で利用できるし、現に利用されているので、そういう問題が出てきたときに、自分なりに相対化して観察するためにも知っておいたほうがいい。

具体的な問題として三つ注目しよう。第一に、農工間格差である。製造業賃金に比べて農家の所得が低いという問題である。第二に、企業規模間格差である。二重構造というとき、通常、大企業と中小企業の賃金格差をさすことが多い。第三に、本工と臨時工の格差である。誤解を恐れずにいえば、一九七〇年前後にはこの三つの問題は解決したかのように思われた。そして、予期しなかった前述の環境問題などの新たな問題が出現したかのようにみえたのである。だが、この三つの問題の行く末をしっかりと見据えることは、現代の問題を考えることにつながる。ここでこの古い問題を振りかえってみよう。

三つの賃金格差の解消？

三つの賃金格差はいずれも一九二〇年代から日本の宿痾《しゅくあ》と考えられてきた。第4章でソーシャル・ダンピングを説明した際にも詳しく述べたが、日本の低賃金構造は農村と中小工業に原因があると考えられてきた。これは二重の意味がある。第一には、農村（と中小工業）自体が低賃金の労働市場であるという意味である。第二には、農村という労働市場があるために都市の製造業部門などにおいて、とくに新規参入の若者の賃金水準が低位なものになるという意味である。

農工間賃金格差が解決したかのようにみえたのは二つの現象による。第一に、兼業農家化がすすみ、農家の世帯としての所得が向上したことである。ただ、これは相対的なとらえ方であり、家計補助的な労働であったため、賃金ないし工賃が低いという問題があった。これは後で別の観点からもう一度考えてみよう。第二に、高度成長にともなって産業構造および就業構造が変化し、すなわち、農家そのものが減少し、問題そのものが縮小した。

繰りかえし述べてきたことだが、一口に中小工業といっても、当該製品の世界シェアをほとんど占め、内部留保もあり、しかし税金対策その他の理由からあえて大企業にならない優良企業と、泡沫の零細小企業とをいっしょくたにするのはそもそも無理があった。大川一司はすでに一九五八（昭和三三）年に発表した論文のなかで、二重構造ではなく多層的階層構造という表現を使っていたが、一般に流布したのは二重構造のほうであった。だが、統計上、中小工業は規模別というくくりでとらえられてしまう。そして、中小工業の賃金の低さは大企業との比較によって把握される。すなわち、企業間規模別賃金格差である。この格差は一九六〇年代に縮小傾向になっていった。だから、問題は解決にむかっているとする向きがあったのである。

三つ目の本工と臨時工の格差問題も一九二〇年代以来、指摘されている問題である。これは現在の非正規雇用の問題にもつながる話であるが、一九五〇年代以来、労働組合の方針は臨時工の本工化を要求することであった。敗戦から一九五〇年代にかけてホワイトカラーとブルーカラーの身分格差を少しずつ埋めていったことを踏まえれば、身分を統一（上昇）させようという動きの延長線上に臨時工の本工化要求を理解するのは自然なことだろう。実際には、未曾有の経済成長のなかでの製造業の人手不足により多くの臨時工が本工として吸収され、これまた問題は消滅したかのようにみえたのである。

社会問題にされなかったもう一つの賃金格差――男女別賃金格差

この三つの格差とは別に社会問題にされなかったもう一つの賃金格差がある。男女別賃金格差である。労働基準法第四条に差別禁止条項があることを考えると、なぜ条文にまで埋め込まれた原則が問題にされなかったのかと不思議に思われるかもしれない。実際、数多くある労働問題のなかでこの時期までは男女の賃金格差はあまり重要視されていなかった。たとえば、この条文自体、アメリカ占領軍の女性労働監督官が要求してきた同一価値労働同一賃金を、当時、厚生省の金子美雄が男性のなかでも同一労働同一賃金が実現できていない日本の状況では時期尚早であると主張し、それではせめて「差別的取り扱い禁止」条項を入れようという風に譲歩させたことによって成り立ったのである。一九四六（昭和二一）年の労務法制審議会のなかでは、北岡寿逸（戦前の内務官僚、労働行政では重要人物）や吉武恵市労政局長も重視していない。

女性の賃金があまり重視されなかったのには彼女たちの稼ぎが家計補助的と考えられていたという事情がある。そこには農村が大きく関係している。一九五〇年代に一世を風靡した学説に大河内一男の出稼型論がある。出稼型論は数多くの論客から批判されたので、本来は大河内本人の主張をていねいに振りかえる必要があるが、本書は学術研究者向けの入門書ではないので、そこは割愛したい。ただ、なぜわざわざこんな古い学説を取り上げるかといえば、この当時の日本人の多くは農村に生活基盤があり、農家の次三男や女性労働者の賃金は家計補助的な役割をになっていたため、低賃金であるという理解が当時一般に浸透していたからである。これは第4章で紹介したソーシャル・ダンピング論への反論としての高橋亀吉の議論とも通底している。

社会問題にならなかった低賃金

農村問題にあえて労働問題からアプローチするならば、戦前の最大の問題は小作制度であった。近畿地方など周辺に工場が数多く立地した都市部の地域では、農村の労働条件も向上せざるを得なかったけれども、そうではない地域のほうが圧倒的に多かった。小作制度とは小作人と呼ばれる農民が地主から土地を借りて耕作し、その生産物の一部を小作料（地代）として地主に納める制度のことである。小作人と地主の関係からなかなか抜けられずに永続的な傾向をもつことから、支配と従属の関係になりやすかった。ここに労働問題と同じ性質がある。実際、一九二〇年代には鈴木文治や賀川豊彦をはじめ、一九一〇年代に労働運動を経験した人たちが数多く農民運動に参入し、労働問題と小作問題に共通するものを指摘していた。

戦後、農地改革でみずからが耕作していない地主の土地は二束三文で小作人に分けられた。戦時中から敗戦後を通じて、農村が相対的に豊かにみえたのは食糧を生産し、それを有していたからである。そして、衣食住についてもなんとか賄うことができた。だからこそ、多くの人を一時的に吸収したのである。だが、経済的には必ずしも豊かではなかった。貧しかったのは女性だけではなかったのである。

農村と雇用労働の問題を考える際に重要なのは労働時間と余暇時間である。経済学ではシンプルに、一日マイナス労働時間＝余暇時間と定義される（一日を一か月などに代替することはもちろん可能である）。もともと、西洋では労働＝苦役（≒肉体労働）のイメージであり、これにたいし余暇というのはなにもなさずに神と向き合うことであり（安息日、あるいは瞑想）、この二つの言葉は対立的な概念であった。ただし、アダム・スミスのプロフェッション論でも触れたように、労働のイメージが一九世紀を通じて転換していき、元の意味が失われるようになった。ここに現代の労働強化をいたずらに高く評価する価値観の元凶もあるのだが、それは措いておこう。

農村ではまずなによりも家業の農業が優先されてきた。戦前期、もっとも組織的に農村から人を集めたのは紡績工場であったが、紡績でさえ農繁期に人を募集することは困難であり、そういう時期は退職者も多かった。紡績工場といえば、女工哀史や戦後の近江絹糸の人権争議のような過酷な労働現場を想像されるかもしれないが、優良企業の工場であれば、衣食住すべてにおいて福利厚生の面では当時の最先端の待遇を用意しているところもあり、一概に労働条件が悪かったとはいえない。にもかかわらず、農村の生産スケジュールが優先されるところに特徴がある。

紡績のような寄宿舎や社宅ではなく、農村近隣地域に建設された工場に自宅から通う場合、それとは時間軸の異なる問題が生じることになる。兼業である。言い換えれば、労働時間を家業にあてるか、雇用労働にあてるかである。さらに、家業の労働時間と生活時間はしばしば切り離しにくい側面をもっている。わかりやすくいってしまえば、仕事の合間に家事をすることも可能だからである。時間軸でいうと、年間スケジュール、日々の労働時間調整の二つの問題があったことになる。

家業労働時間を優先することができる労働形態は雇用労働とはかぎらない。むしろ、主流は内職であった。内職は明治以前から存在するが、近代以降も広がりをみせた。同時に雇用労働でも家業労働時間を優先する価値観を受け入れたものもあった。たとえば、近世以来、大正期に労働改革が起こるまで醸造業のヤマサ醤油では労働時間は一日の半分で、残りの半分は漁業や水産加工に携わる人が多くいた。また、一九五〇年代以降、電機産業は数多くの女性パートを雇ったが、そこでは簡単な作業を提供し、彼女たちは相対的に欠勤なども自由にできたうえで、労働に従事することができた。その代わり賃金は低かった。

農村を中心に雇用労働問題を考えると、ある意味で、ワーク・ライフ・バランスが実現されていた側面を指摘せざるを得ない。そして、低賃金がある意味で許容されていたのは家計補充的労働という側面とともに、雇用労働自体も家業に比べれば、従的役割を与えられていたからである。このように考えると、世帯の家計維持を意味する生活賃金とはまったく違う意味で、低賃金はある生活形態を基盤に成立していたのである。しかし、これはある意味、微妙なバランスのうえに成り立っていた。

生活の変貌と農業の縮小

第一次産業が他と異なるのは、生産物そのものが衣食住の食になることである。また、そのネットワーク内にいれば、物々交換やあるいは労働にたいする対価として現物支給がおこなわれることになる。労働基準法をはじめとした敗戦後に構築された労働法システムのなかでは、こうした慣行は前近代的な、あるいは半封建的な遺制であった。たしかに、労働対価を貨幣にすることで、報酬を可視化することはできる。可視化されれば、報酬だけに限定してみれば、労働条件が切り下げられたか否かの判断が容易である。賃下げはすなわち労働条件の切り下げである。これにたいして、現物給付は貨幣換算しなければ、比較することはできない。そのぶんだけ相対的な条件の比較はむずかしくなる。しかし、実際にはこうした現物給付は一部では残っている。と書くと、いかにも話が混乱するが、要するに、安い賃金で働いていても、多く取れた魚や野菜の一部を「取れたからもっていきなよ」とももらえることも含まれる。ただ、これは必ずしも働いているからこそもらえるというわけではなく、実際には知り合いでいつもお世話になっているからという理由でそれをいただける場合もあり、こうなってくると、厳密にはお裾分けと区別不可能である。

こうした慣行は高度成長期を境に急激に減っていかざるを得なくなった。というのも、第一次産業の従事者が減っていったからである。その原因は貨幣経済の浸透にあるともいえる。たとえば、右のような慣行がある地域では、野菜を買ったことがないという人もめずらしくはない。野菜中心の生活であれば、食費は低廉ですむ。そうであればこそ、低賃金でも問題ない。ところが、高度成長以降は三種の神器に代表されるように白黒テレビ、電気洗濯機、電気冷蔵庫などの家電製品が生活のなかに入ってくると、これらを購入することも生活費に含まれ、さらには電気代もかかることになる。家計予算は大きくならざるを得なかった。産業としての農業で儲けるしくみもあるが、多くはそういうかたちにならず、別に収入を求めることになる。そうして、兼業農家化がすすみ、高度成長の波に乗った土地の値上がりによって農地を売り払い、農業そのものを廃業してしまうケースも少なくなかった。

低収入でもニーズがある請負仕事

二〇一一（平成二三）年三月一一日、東日本大震災が起こった。その後の余震も含めて北関東、福島県、宮城県、岩手県の一部では地震そのものの被害も大きかったが、なんといっても青森県から千葉県まで広範囲の地域が津波に飲み込まれ、いくつもの町がそのほとんどを消失し、あるいは地形そのものまでも変形してしまった。また、福島県の原発事故は広範な地域の人々に被害を与えている。二〇一三年一〇月現在、多くの人が元の生活を取り戻せないでいる。

今回の大震災においてキャッシュ・フォー・ワークという試みが新たに注目された。これは元々、ハイチの大地震やアチェの大津波などの際、国際NGOがおこなったことだが、食糧支援ではなく、ガレキ撤去などの仕事に現地の被災者を雇用し、復興に携わっているという実感を得ながら、実収入を得させるという手法である。今回の震災では、永松伸吾を中心に私もともにその啓蒙活動などに努めたが、実際にはNPOをはじめとした支援団体のなかから独自に発達したものが圧倒的に多かった。その一つがいわゆる絆ビジネスと呼ばれた、仮設住宅などで女性たちがつくる商品の販売事業である。絆ビジネスは阪神大震災のときには、数えるほどしか生まれなかったが、今回の震災では類似の取り組みが多数、出現した。私が個人的に知っているところでは、震災後、何もしていない状況だと余計なことを考えてしまうから、とにかく何か手を動かしたいという要望に、支援者が応えてはじまったケースが多い。

こうした絆ビジネスは形態としては家内労働に近い。場合によっては月に二〇万円以上を稼ぐ人も出た。その一方で、水産加工場が消失してしまったために、仕事を失った女性たちの収入源がなくなってしまい、生活に窮する人たちも少なからずいた。そのなかには月三万円の収入が得られれば、なんとか生計を成り立たせることができるという声もあった。ここに低賃金であっても仕事のニーズがある。ただし、こうした細かいニーズにたいする有効な政策は打たれていない。それにはそれなりの必然性がある。

家内労働は高度成長期にいっきに倍増し、一九七三（昭和四八）年のピーク時には一八四万人であった。それがオイルショックを機に減少をつづけ、二〇一一（平成二三）年一〇月一日現在一三万人強である。かつて繊維産業などでは大工場セクターが成長すると、こうした家内工業や家内労働を駆逐していくと考えられてきたが、実際には逆で経済成長とともにその数を増やした。それが経済成長の鈍化とともに減少をつづけ、労働行政における内職セクションさえも消えていくほどになったのである。その代わりに増えていったのが主婦パートを中心とするパート労働であった。なお、製造業における内職仕事は減ったものの、一九九〇年代以降は在宅就労が注目され、ＳＯＨＯなどは新しい働き方として大いに喧伝された。これらは一歩まちがえると、かつての家内労働と同様に低所得労働となる。

最低賃金法と家内労働法

農村にかぎらず、都市における内職は古くからある。この内職は、農村と同様に生活空間と職場空間が同じであるため、生活と密接であった。しかし、そのことはノルマが過酷であるならば、ただちに労働時間が生活時間を容易に侵食することを意味する。現代の在宅就労やＳＯＨＯでも同様の問題が生じている。都市だからといって、一概になんのネットワークにも入っていないとするのは早計だが、一般には農村のような食物のお裾分けのような互酬文化のなかに組み込まれていないと理解してよいだろう。そうであれば、工賃の低水準分を保障してくれるセーフティ・ネットはどこにもない。だからこそ、家内労働の工賃の水準を保証するために、先進諸国では最低賃金法が施行された。しかし、日本では内在的に社会立法として成立したというよりも、ソーシャル・ダンピングをきっかけに立法化されたため、最低賃金法と家内労働法が切り離されて成立した。

繰りかえすが、一九二〇年代からイギリスは日本の繊維産業を脅威に感じていた。そのためにソーシャル・ダンピングの論陣を張った。それは占領期に英米がいかに日本の紡績会社に軛《くびき》をはめようとしたかということでもわかる。一九五五（昭和三〇）年にはついに一ドル・ブラウス事件が起きる。日本製ブラウスが一ドルで販売されていることを脅威に感じたアメリカ繊維産業団体が抗議し、ソーシャル・ダンピング論を唱えたのである。貿易摩擦の走りである。当時、一ドルは三六〇円、大卒初任給が一万円から一万二〇〇〇円の時代である。計算しやすいように、現代の大卒初任給を仮に一八万円、当時の大卒初任給を一万二〇〇〇円と想定して、換算してみると、少なく見積もっているにもかかわらず、およそ一五倍である（両者の差が過大に計算されないように、当時を低めに現代を高めに見積もっている）。単純に計算すれば、三六〇円のブラウスは一着四八〇〇円ということになる。このように為替相場を捨象して、国内だけで考えると、ダンピングといえるかどうか微妙なところだろう。

結論からいうと、一九五九（昭和三四）年に最低賃金法が労働基準法と同様に家内労働を除外するかたちで成立した。国内での労働法制の議論のなかでは当然、家内労働の保護は一つの重要な論点であった。にもかかわらず、最低賃金法は家内労働を除外し、雇用労働者だけを対象に成立した。その結果、低廉な雇用労働は請負仕事の家内労働に押し出されるという現象が起こった。家内労働法の成立は一九七〇（昭和四五）年まで待たなくてはならなかった。なお、家内労働法は「物品の製造、加工等若しくは販売又はこれらの請負を業とする者」（二条二項）を対象にしているため、在宅就労は対象にならない。このため、一九九〇年代以降、この問題への対応策が重ねられてきた。

請負と雇用―労働者性の有無

働くことでお金を稼ぐ点において、請負労働と雇用労働とのあいだに差はない。現実に存在する二つの労働の境界にはきわめてグレーな領域が存在する。二つを分かつものは、管理監督をされるか否か、すなわち、労働者性があるか否かという点にかかっている。ここにおいて、請負仕事は形式的に独立を保っているとされ、労働基準法の適用外になったのである。しかし、現実には指揮命令下にある請負者は家内労働以外にも数多く存在する。たとえば、今日でいえば、バイク便や高速バス、タクシーのドライバーなどである。一九九〇年代以降、セルフ・エンプロイメントないしインディペンデント・コントラクターの問題は世界的に増加している。

第1章で述べたように、雇用労働の原点は奴隷制にある。日本、あるいはヨーロッパやアメリカにおいても変わらない。そこでは隷属が問題になった。今風にいえば、「拘束」や「指揮命令の受容」ということになるだろう。被用者に従属性が求められる代わりに、雇用者にはある程度の保護や衣食住の保証が求められた。雇用関係が労使対等の労使関係に置き換えられるようになっていったのは二〇世紀に入ってからのことである。誤解を恐れずにいえば、労働基準法はこの従属性を社会的に許容できる程度に制限し、労働者に保護を与える役割をになっている。

賃上げだけを求めていた時代の終焉と個別賃金要求方式の興隆

労働基準法では労働の対価である賃金は通貨で支払うように規定されており、現物給付を認めていない。戦後労働改革のなかで、いかに封建制を克服するかという問題意識に支えられていたことがわかる。すでに述べたように、現物給付は場合によっては報酬の切り下げにはたらくこともあり、そのかぎりではこうした規制は必要なものである。だが、こうした方針は結果的に農村文化のなかにある互酬文化的な旧来の慣習をも排斥する性格をもっていた。このような傾向には、大塚久雄などの戦後の論壇をリードしてきた知識人たちが戦時中に疎開先の農村で嫌な思いを経験し、共同体を否定的に語ってきたことも加担している。最近になって、NPOその他の新しいかたちの連帯が称揚されるにいたって、農村共同体は社会的資本（ソーシャル・キャピタル）として再評価されるにいたったが、戦後、長いあいだはそういう評価ではなかった事実は忘れられるべきではない。

敗戦後、一九七〇年代前半までは純粋な賃上げ要求が生活向上の要求であった。その根本には二つの必要があった。一つはインフレに賃金水準が追いつく必要があり、もう一つは日本国民全体が敗戦によって生活水準が落ちたことを回復させる必要があった。たしかに、一九五〇年代に標準労働者方式を中心とした個別賃金要求方式が発明されていた。しかし、実際には高度成長期を通じて要求方式の主流はベース・アップ方式であった。なぜなら、インフレ経済のもとでは名目賃金を上げなければ、実質賃金を維持することさえできないからである。鉄鋼労連をはじめとする産別組織などが個別賃金要求方式に注目するようになったのは一九六〇年代末であった。そして、住宅費も含めた社会保障も総合的に要求されるようになっていくのである。個別賃金要求では多くの場合、男性稼得(ブレッド・ウィナー)型世帯賃金が想定されており、年齢別の世帯賃金が基本になっている。これは製造業の被雇用者にみられるいわゆる近代家族(両親+子ども)と呼ばれる核家族が標準とされており、世代継承が前提であった経営体としての機能をもつ農村家族とは異なっていた。

主婦パートの興隆

パート労働を中心とした非正規雇用の問題が、研究者のあいだで注目されはじめるのが一九八〇年代の前半である。非典型雇用といういい方はそれ以前にはなかった。だが、パート労働自体は一九六〇年代から増えはじめており、一九七〇年代初期にも女性パート労働が将来、問題になり得ることは予測されていた。というのも、一九六〇年代のパートは農村につくられた電機工場における製造業パートなど、兼業農家の主婦が「家計補助」的に働くことが多かったが、徐々に非農家である雇用労働者の妻が働く形態に移行していったからである。そして、一九七〇年代を通じて、家内労働が減っていくのとは対照的に、女性のパート労働が増加していくのである。

まったく外圧的なことだが、一九七五（昭和五〇）年は国連の決議により国際婦人年となり、世界の女性運動が連帯する機運が高まり、国内の女性運動もにわかに活気を帯びるようになった。もちろん、労働組合の婦人部を含めて、それ以前から地道な活動をつづけていたのだが、これを機に活気を帯びていったことはまちがいない。これらを背景として女性の社会参加が呼びかけられるようになる。この社会参加は当初、ボランティア活動が主であったが、徐々に就労も含まれるようになる。

明治期に近代産業が隆盛してから、日本の製造業を支えていたのは間違いなく女性たちである。たとえば、日本の繊維産業が世界で勝利していけたのは数多くの女工たちがいたからにほかならない。もちろん、一九二〇年代当時、世界的にも日本の繊維産業は生産技術、生産管理が優れていた。しかし、当時の繊維産業は現在では装置産業のようになっている綿糸紡績でさえ、多くの労働者を使った労働集約産業であった。その中心が女性たちだったのである。内職仕事も数多くあった。また、農村を中心とした第一次産業においても女性は主要な働き手であった。にもかかわらず、一九七〇年代後半、改めて女性の社会参加が呼びかけられたのである。

労働条件を切り下げる頑迷なボランティア精神

女性の就労とボランティアによる社会参加の比較において、考えておかなければならない論点がある。私は第6章で介護・福祉の分野の賃金が低いのは、産業の構造的な問題があることを指摘した。それは支払う側、あるいは低賃金を傍観し、受容している第三者からの観点である。だが、実際には低賃金を規定している原因は労働者側にもある。すなわち、頑迷なボランティア精神である。

ウェブ夫妻はイギリス労働組合の初期の歴史において、手弁当で仕事に従事する組合幹部たちのボランティア精神の重要性を指摘しながら、一九世紀後半以降、徐々に仕事が複雑化するなかで、たとえば賃金事務のような専門的知識をもった専従が必要になったいきさつを描いた。専従はもちろん給与所得者である。これは組織が巨大化するなかで起こり得る現象である。一般に官僚化と呼ばれる。ほぼ同時期に、欧米では、それまでキリスト教精神にもとづく有閑階級によっておこなわれていた奉仕活動が、徐々に専門的知識を必要とされるようになり、有給奉仕者が出現するようになっていった。有給奉仕者とはいまでいう有給ボランティアである。ところが、第6章で紹介したメアリー・リッチモンドでさえ、賃金を受け取ることを強く批判された。しかし、彼女は専門的知識をもつものが賃金を受け取るのは当然の権利であると反論した。リッチモンドは社会福祉の世界では古典的な人物だが、彼女の報酬についての精神はほとんどなおざりにされている。

反資本主義に代表されるように金銭そのものを忌避する人々が歴史上、存在しつづけてきた。そうした人たちは金銭を受け取ることを汚い行為だと考え、それに比べ報酬を受け取らない自分たちのボランティア行為を尊いものだと考えた。なかにはリッチモンドにたいしてそうしたように、他者が報酬を受け取ることを批判し、報酬を受け取るものにたいして罪悪感を与えるものさえもいる。

あえて価値観に踏み込んでいうが、こうした輩こそボランティア精神ではなくエゴのかたまりである。しばしば自分の弱さを直視できないがゆえに、報酬を受け取らないという形式にこだわる。それより日本テレビの二四時間テレビをはじめた萩本欽一がそうしたように、もっとも高額の報酬を要求して、それを全額寄付すればよいのである。チャリティ番組のギャラがそうであるように、現実に報酬を受け取れば、必ずそれを寄付しない者も現われるだろう。そのとき、ボランティア精神が本物か否か、鼎の軽重が問われるのである。寄付しないから悪いのではない。綺麗ごとはいわず、商売は商売と割り切ればよいのである。

頑迷なボランティア精神は美辞麗句に包まれているがゆえに批判しにくい性質をもっている。だからこそ、もっとも性質が悪い。実際、悪徳経営者が賃下げを企図したり、実施したりした場合、実務上の繁雑さはともかく、明確に相手を批判し、集団的労使関係の枠組みで解決までの道筋を見きわめることは容易である。これに比べると、美辞麗句は本物なのか、偽物かを見分けるのはむずかしい。さらに、こうした偽善のうえに、ボランティア行為を無償の労働力として費消する者もおり、罪悪感をもたされ、それに反論できない者は使い倒される。二〇一一（平成二三）年の東日本大震災以降、ボランティア活動が活発になったので、あえて重要な論点として触れておく。かつて、ボランティア（奉仕活動）はとりわけ欧米においては、他の分野に比べて、女性が相対的に活躍する余地の大きい分野であったが、いまは性別は関係ない。

標準世帯を前提とした社会保障──一〇三万円の壁と一三〇万円の壁

話を主婦パートに戻そう。生活賃金の考え方のルーツが家計調査にあることは第4章で触れた。標準労働者の年齢別世帯賃金にもとづく考え方は家計調査をルーツにもっている。ただし、たとえば安藤政吉の『最低賃金の基礎的研究』(ダイヤモンド社、一九四一年)などは年齢別だけではなく職種別、世帯タイプ別の多種多様な必要生計費が算出されており、単純な年齢別の世帯賃金要求の元になるような標準労働者モデルではなかった。これは要求のために単純化されていったと考えられる。だが、その単純化はやがて規範化されていった。もちろん、短期的にみれば、戦後の労働運動においてはホワイトカラーとブルーカラーの身分差を縮め、さらに下位身分であった臨時工は本工化をめざしていくというように、全員が同じ高みをめざすという方向のなかでは、一つのモデルが理想化されたことはわからなくはない。実際、一九六〇年代は本工以外の労働条件についても組合は交渉していたのである。

問題は規範化された標準労働者の考え方が主婦パートを隘路に追い込んでしまったことである。最初の一歩は配偶者控除であり、この控除を目当てに妻は一定の範囲に就労をとどめようとする。現在、いわゆる一〇三万円の壁と呼ばれているものである。そして、一九八五(昭和六〇)年に保険料負担なしで基礎年金が受給できる第三号被保険者が設けられた。これは第二号被保険者(厚生年金や共済年金などに加入している会社員や公務員）の被扶養配偶者であることが条件で、さらに被扶養配偶者の年収の上限が設定された。現行ではいわゆる一三〇万円の壁と呼ばれている。これらの施策が事実上、主婦パートの収入を規制している。ただ、このことが問題になるのはもう少し後のことである。

工場法から男女雇用機会均等法まで

国際婦人年とその後につづく「国際婦人の一〇年」の最終年の一九八五年に男女雇用機会均等法が制定された。均等法の立法に際しては保護か平等かという議論が起こる。この点には誤解も多いので、保護についての歴史を少しだけ振りかえっておくことにする。

歴史的には労働者保護は児童労働と女性労働の保護からはじまる。ただし、イギリスの工場法の成り立ちをみていくと、じつは男性労働者にたいする保護によって労働条件を守ることがむずかしいので、まず女性から入り、徐々に全労働者に波及させていくというのが当時の労働組合幹部の戦術だった。なぜ、男性労働者への保護がむずかしいかといえば、彼らは独立をよしとする気概があり、保護を嫌う考えさえあったからである。これは日本も同様であり、明治・大正の立法者は、財界との関係もあるが、徐々に男性へと対象範囲を広めようとしていた。労働基準法の母体となった日本の工場法も当初、児童労働と女性労働を規制していたが、労働災害については男性も含めていた。労働基準法も原案は労働者保護法であったが、総同盟からの申し入れにより名称が変更された。

ただ、その一方で女性保護自体の展開のなかではフィジカルな性差が注目された。女性とは何か、あるいは男性とは何か、という性別のあり方を考えるのは現代のジェンダー学では重要なことだが、ここは一般的にフィジカルな意味での女性を考えておこう。フィジカルな意味での女性保護とはすなわち、長いあいだ、母としての女性保護であった。均等法の母体となった勤労婦人福祉法も基本的にはこの考え方を継承するものであった。

均等法に先立って一九八〇年代前半には女子早期定年退職の廃止が労働運動のなかでも取り上げられていた。いまでは隔世の感があるが、当時は二五歳での定年制度も存在していたのである。こういうものは徐々に廃止されていった。均等法はさらに男性並みに働き、キャリアを積む女性を出現させた。男性並みの働き方とは一日の労働時間についてもいえることで、一九六〇年代や七〇年代でも深夜に及ぶ働き方もあったが、それは例外的であり、上司が送り迎えして女性社員の両親に挨拶するということさえあった。均等法ができたからといって女性労働をとりまく情勢が劇的に変わったわけではないが、一九九〇年代を通じて管理職まで昇進する女性は少しずつ増えていった。

その一方、かつての若年で退職していった女性社員は、結婚や出産を機に退職が想定されていたためにキャリアが短く、したがって重要な仕事を任されることがなかった。ただし、こうした結婚や出産を機に退職するという働き方は、当の働く女性やその家族、将来の伴侶などからのニーズもあり、急激になくなることはなかった。その代わりに、総合職と一般職というコース別管理がおこなわれるようになっていった。

平等への道―ペイ・エクイティと職務分析

総合職として管理職への道が開けたかにみえた女性は、平坦な道を歩んだわけではなかった。しばしば旧来からの男性優位のしくみを打破することはむずかしかった。賃金からみると、均等法の理念を実現する理念はかつて同一（価値）労働同一賃金と呼ばれたペイ・エクイティ（近年は単にＰＥと略されることもある）である。ペイ・エクイティの実現は実務的にはむずかしいが、理屈はむずかしくない。しかるべき労働組合が組織され、かつその組合が男性優位の組織でなく、男女共同参画に理解があれば、集団的労使関係の枠組みで解決することができる。手法としては職務分析を利用すればよい。第4章でも説明したが、職務分析はもともと仕事を作業レベルに分解して解析し、ワンベストウェイを探し、どんな労働者でもそのような技能を身につけさせる方法を確立させようというねらいがあった。仕事の解析自体は客観性を担保することが重要なので、そこにペイ・エクイティ（同一労働同一賃金）の原則を組み合わせれば、賃金格差を是正させる根拠を得ることができる。

実務的なむずかしさは、賃金それ自体が労務管理の独立変数ではないことに起因する。賃金の上がり方は訓練機会などその他の処遇と密接に関係している。キャリアの設計は会社ごと、もっと細かくは部署ごとに異なるであろう。したがって、与えられる仕事は、現在こなしている仕事という意味だけではなく、現在の仕事が将来、任される仕事のなかでどのような段階にあるのかということを位置づけなくてはならない。そこにはペイ・エクイティだけにとどまらず、均衡待遇の問題を考える必要がある。ただし、これらはいずれも集団的労使関係によって解決すべき問題の範囲内である。

女性の非正規化と男性への波及

総合職を希望しない女性もいた。男性並みの働き方を望まないということである。しかし、晩婚化などによって勤続年数が伸び、折からの一九九〇年代以降の不況のなかで、派遣労働者などの非正規雇用に置き換えられていった。さらには、こうした非正規雇用の働き方が男性にも転用されるようになった。ただし、派遣労働者は必ずしも正社員よりも常に賃金が低いというわけではない。また、派遣労働者から派遣先企業の正社員に登用される場合もある。

一般に非正規雇用の最大の問題は、技能形成においてつぎのステップに上がるためのむずかしい仕事を与えられず、そのため正社員への登用や賃金アップなどが得られないことであるといわれることがある。もう一つ最大数の非正規雇用である主婦パートの場合、一九八〇年代から九〇年代にかけて、女性の高学歴化も相まって、優秀な女性たちがスーパーマーケットなどの小売業において、低賃金のまま代替の効かない重要な仕事をになうようになった。いわゆるパートの基幹化である。狭き門とはいえ非正規雇用に正社員への登用の道を開く企業も存在している。

ただし、いずれの場合も、労働者の側が登用を拒むケースがある。たとえば、役者になることを夢見ながら生活の糧を得るためにアルバイトをしている場合、監督者はその人を正社員に登用したいと考えても、断られてしまうことがある。また、主婦パートのなかには一〇三万円の壁や一三〇万円の壁とは別に、責任あるポストにつくことを嫌って正社員登用を断る人もおり、企業もこうした人の二ーズに応えて、短時間正社員のような制度をつくっているところもある。

生活賃金のむずかしさ

一九五〇年代、年功賃金論が華やかであったころ、中心の論点は新卒あるいは若年者の賃金が低いということであった。これには二つの意味が含まれていた。第一に、賃金水準を決める労働市場のあり方が、日本では農村や中小工業に規定されており、どうしても低賃金になってしまう。第二に、低賃金であっても年功賃金のもとでは将来、賃金が上昇するという期待があり、家族を形成する賃金を得ることができるようになるという見通しがあった。ここには生活問題を考える際に、議論をリードしてきた二つの前提がある。前者については農村がセーフティ・ネットとして機能していたということである。もっとはっきりいえば、農村にいれば、食べていくだけならなんとかなるということである。後者は世帯の稼ぎ主（＝男性）の賃金について企業が支払うことで生活を支える。これを間接的に補完しているのが日本型福祉社会論である。だが、この前提はいまや大きく崩れている。

農村そのものが縮小してしまい、潜在的失業を抱え込む余力はない。したがって、セーフティ・ネットとしての機能はいちじるしく低下している。そして、男性正社員中心のモデルも大きく変容を余儀なくされている。昔から正社員を維持できない理由として説明される議論は、技術革新が起こると技能の陳腐化が起こり、企業は従業員を正社員として抱えているメリットがなくなってしまうというものである。とくに一九八〇年代にワープロが導入されたＯＡ（オフィス・オートメーション）化、九〇年代のＩＴ化の時代にはそうしたことがよく主張された。たしかに分厚い中間層を構成する正社員というものは維持できなくなるかもしれないが、しかし、コアになる正社員がいなくなるというのは考えにくい。ただ、男性正社員中心モデルの変容は男女の雇用機会均等からはじまったワーク・ライフ・バランスの考え方によってもたらされざるを得ないと私は考えている。

生活の問題はすべからく女性問題であり、男性は外で働くべきであると考えられてきた時代が長かった。二一世紀になって男性も生活問題を考え、実践するということが受け入れられるようになってきた。わかりやすくいえば、子育ては女の仕事であり、男がかかわるべきではないというような考え方があった。しかし、いまはそのような性的役割分業のような考えは急速に転換している。また、男性も単身者であれば、親の介護などの役割をになわなければならない。二〇〇〇年代になってから男性の介護の問題もようやく注目されるようになってきた。ワーク・ライフ・バランスの考え方は、こうしたそれぞれの生活ニーズにこたえた働き方を実現することである。

ただし、ここに個人のニーズと集団的労使関係のむずかしさがある。どこを軸にすればよいのかわからないということである。たとえば、ある女性が勤める会社は女性雇用を重視して、ワーク・ライフ・バランスの施策をとっているとしよう。しかし、彼女のパートナーの会社はそうしたことには無配慮で、男性は仕事一筋で働くべきであるという理念で会社を経営している。そうすると、共働きをして、家事を公平に分担しようとしても、自然と女性のほうが家事を多く負担しなければならなくなる。家事負担の多くなった彼女はライフに重心が傾き、ワークとバランスをとった生活を継続するのが困難な状態に追い込まれてしまうだろう。このとき、たまたま同業他社に二人が勤めていれば、既存の産別組織が労使交渉することも可能かもしれないが、一般論をいえば、婚姻関係を軸にして労働組合を組織するのは困難である。

また、仮に社会のすべての企業がワーク・ライフ・バランスを実現したとしよう。労働者が選べる組み合わせは無数になってしまい、これを集約することは困難である。標準労働者というモデルを設定するタイプの個別賃金要求は、生活ニーズという点からいえば乱暴かもしれないが、労働者のニーズを集約して賃金交渉をするという本質を考えれば、いまとなっては一つの偉大な妥協の産物である。生活賃金を要求するには、その前提となる「生活」を把握しなければならないが、その把握が困難になっているところに現代の賃金問題のむずかしさがある。それを解決するために、一人ひとりが考えなくてはならない。

コラム⑧
絶対的な正しさと相対的な正しさ

日中戦争がはじまった後、賀川豊彦はガンジーを訪ねた。賀川はスラム街の社会改良活動や、組合運動、生協活動、農民運動などで世界的に知られたキリスト教信者である。賀川は戦争への態度についてガンジーに問い、自分の見解を通し、死を通じて日本を生かすという回答をもらう。賀川は自分の信念も同じだといいつつ、多くの友人から反対されていることを告白する。ガンジーは友人の言葉に耳を傾けずに、自分の信念を貫き通すように助言する。そのなかに「良い友も、時には私たちを結構だます」という言葉がある。何かを成し遂げようとするとき、障害になるのは敵とはかぎらない。否、時として味方が最大の障壁になる。逆のケースもある。日本では労働者と経営者の間だけでなく、労働者の間で激しい対立があった。原因はイデオロギーに帰すものもあったが、人間関係的な争いも少なくなかった。しかし、そうしたなかにも敵同士にあって信頼し合う関係をしばしばみつけることができる。大事なのは敵味方が絶対的な区分ではないと認識することにある。

賃金はしばしば思想をともなう。その思想は生産効率の追求かもしれないし、仕事のやり方を変革させる経営改革かもしれない。あるいは、同一労働同一賃金かもしれない。これらの思想はそれ自体無謬であったとしても、現実に実現しようとするとき、しばしばあちらを立てればこちらが立たぬという不均衡な正義しか実現できない。しかし、その不完全さこそがチャンスである。私は自分の正しさのみを追求するよりも、完全な正義は実現できないという前提に立って多様な考え方を数多く認識することが重要だと考える。人格と意見は別だが、残念ながら議論に慣れてないと、人はそれを区別して受け入れるのはむずかしい。自分が正しいという結論は相手の否定に繋がり、人間関係を壊してしまう。現実に折り合いをつけながら、よりよい答えをみつけていくそういう地図を一枚でも多く手に入れたい。

賃金の学習を進めるためのリーディング案内

賃金をていねいに勉強したい人には、労務行政『労政時報（月二回刊）』のバックナンバーをくり返し読むことをおすすめしたい。具体的な制度を数多く頭に入れておくことは強みになる。そのための豊富な資料が集まっている。また、賃金だけでなく労務管理や政策など守備範囲が広く、時代のトレンドをつかまえている。

個別制度について理論的に考えたい人は、小池和男『日本産業社会の神話』（日本経済新聞社、二〇〇九年）第三章がよい。現代ではブルーカラーよりも、ホワイトカラーの賃金制度の理解が求められていると思うが、意外と理論的に読めるものはほとんどない。もう一つの例外は、孫田良平監修・NPO法人企業年金賃金研究センター『賃金の本質と人事革新』（三修社、二〇〇七年）である。

賃金のテキストとしては、本書の姉妹編ともいえる連合総研「日本の賃金─歴史と展望─調査報告書」(http://rengo-soken.or.jp/report_db/file/1355818141_a.pdf) を強くおすすめしたい。第二部「賃金分析の方法と要求の作り方」と「産業別組合の賃金に関する取り組みの歴史」は類書にみられない内容である。また、右派の賃金政策、日経連の賃金政策、左派の賃金政策の戦後史や孫田良平の賃金の基礎知識など、専門家も必読である。ただ、入門書を企図して作成されたが、全体的に少し難しいかもしれない。

賃金との関係では労働経済全般を見渡す必要がある。一九九〇年代くらいまでは主流は労使関係メインの旧制度学派やマルクス経済学であったが、徐々に新古典派のミクロ経済学を基礎とした労働経済学（組織の経済学も含めて）が重要になってきた。旧制度学派の研究者は教科書を書いていないため、スタンダードなテキストがない。

高木郁朗『労働経済と労使関係』（第一書林、二〇〇二年）、濱口桂一郎『新しい労働社会』（岩波新書、二〇〇九年）、同『日本の雇用と労働法』（日経文庫、二〇一一年）の三冊を読んでおくと、この分野の見通しが良くなるだろう。高木の本は完璧にオーソドックスなのに対し、濱口の本はオーソドックスな説明に少しずつ読者を考えさせるための極論がわざと入っている。そこがおもしろい。

労働経済のテキストとしては読みやすさでは断然、清家篤『労働経済』（東洋経済新報社、二〇〇二年）を推す。また、近年の厚労省の白書は教科書としても優れており、『労働経済の分析（年度版）』には、http://www.mhlw.go.jp/wp/hakusyo/roudou/13/13-1.html もおすすめしたい。このほか、脇坂明『労働経済学入門』（日本評論社、二〇一一年）第一部がワークライフバランスなど価値に踏み込む内容でおもしろい。本格的に新古典派経済学から学びたい人は、大森義明『労働経済学』（日本評論社、二〇〇八年）にチャレンジするといいだろう。

賃金統計については、日本生産性本部生産性情報センター『活用労働統計（毎年版）』の「用語の解説」を繰り返し読むことをおすすめしたい。今日では統計学の価値が広く認められており、優れた入門書も少なくないけれども、数学的思考になじまない人には敷居が高い。この解説も必ずしもやさしくはないが、短く要点だけがまとめられているので、何とか乗り切ってほしい。また、JILPTの統計情報に関するサイトが有益な情報を提供している（http://www.jil.go.jp/kokunai/statistics/index.html）。まずは「労働統計のあらまし」「労働統計用語」「ユースフル労働統計」をていねいに読み、そこから自分の関心を拡げるとよいだろう。

あとがき

本の企画を連合総研の中野治理さんと龍井葉二さんからいただいたのは二〇一一年の年末だった。東日本大震災が起きてから初めての冬、緊急支援の段階が終わったと思われていた被災地では、じつは物資が足りておらず、私は支援活動で知り合った仲間からの連絡で、物資の受け先を探していた。そんなときに大槌・釜石で活動する和RING-PROJECTの池ノ谷伸吾さんや仲間たちと仲良くなり、以来行動をともにしている。その活動がなければ、第8章は書けなかっただろう。

実践には一切関わらない。それが研究者としての私のポリシーだった。私が勉強した社会政策や労使関係の分野では、むずかしい現実にお座なりの説教をくり返す研究者が後を絶たない。その人たちは現実を変えられず、変わらない現実に今日も怒りつづけている。そのようにはなりたくなかった。ただ研究をやりたかった。しかし、すべてを東日本大震災が変えた。震災後数日、被災者のために動き出した人たちをみて、支援活動に従事することを決めた。これまで培ってきた力を今、誰かのために使わなければ、何のためにあるのか。迷いはなかった。その代わり、大原社会問題研究所という最高の場所を与えられたにもかかわらず、自分の研究活動は停滞せざるを得なくなった。

お二人からいただいた話は、私のように無名で正規の職も得ていない若手研究者には身に余る条件だった。それは中野さんが折に触れてそうしてくださるように、私への最高の心遣いだった。お二人は組合の若手が賃金への知識をもてなくなり、さらに組合のブレーンになる労使関係の研究者、とりわけ賃金の研究者がいないことを憂いているなかで、私が書いた賃金の論文を読み、声をかけてくださった。そして、賃金実務に精通するベテラン、これから携わる若手など多彩な現場の組合の皆さんを集めて、勉強する機会をつくってくださった。

若い頃から金子美雄先生や孫田良平先生の書かれたものを勉強してきた中野さんは私の論文に孫田先生の影響を読み取られたそうである。その論文は早稲田大学商学部図書館に所蔵されている金子美雄旧蔵文書の整理を孫田先生とご一緒したときの成果であった。ある夏、毎日のように金子さんが戦時中につくった賃金統制の文書を読みながら、わからない問題を目の前の先生に質問し、賃金についてありとあらゆることを一対一で教わった。そういう意味で私は孫田先生の最後の弟子の一人という気持ちを今でももっている。しかし、学恩を返すことあたわず、ずっと心に引っかかったままだった。

私に賃金を教えてくださったもう一人の先生は小池和男先生である。二〇〇二年に先生がプライベートで開かれていた月一回の研究会に参加を許され、以来さまざまな教えを受けてきた。東大に進学したのも小池先生のアドバイスである。東大に進学したときに先輩から、労働問題研究者にとって『賃金』のようなテキストを三〇代で書くことが目標で、金子君もそれをめざして頑張ろうといわれた。だから、お話をいただいたときは本当に嬉しかった。

賃金の背後にある雇用関係・労使関係の基礎知識の多くは師である森建資先生から教わったもので

ある。また、どうなるかわからない状態の原稿をいつものように大学院の先輩の古谷眞介さんに読んでいただだいた。そして、本にする過程では旬報社の木内洋育さんに大変お世話になった。中野さん、龍井さん、池ノ谷さん、組合の皆さん、小池先生、孫田先生、森先生、古谷さん、木内さん、本当にありがとうございました。

小池先生は若いときに大病をなさって、その病床で『賃金』を書かれた。日に数行ずつ寝ながら書いて、書き上げたそうである。私たちの世代はいつ研究の道を閉ざされるかわからない。私もまた遺書を書く気持ちでこの本を書いた。賃金に携わる一人でも多くの人が、この本を手に取って、それぞれの立場で、一人でも多くの賃金をよりよいものにしたいと決意し、実現してくだされば、思い残すことはない。

二〇一三年一〇月

著者

［著者紹介］
金子良事（かねこ　りょうじ）
一九七八年生まれ。経済学博士。東京大学大学院経済学研究科博士課程修了。専門は労働史、社会政策史。主な著作に「戦時賃金統制における賃金制度」（『経済志林』八〇巻四号）、「戦前期、富士瓦斯紡績における労務管理制度の形成過程」（博士論文）がある。東日本大震災以降、大槌町・釜石市を中心に復興支援活動を続ける。現在は法政大学大原社会問題研究所兼任研究員。

日本の賃金を歴史から考える
二〇一三年一一月一五日　初版第一刷発行

著者――金子良事
装丁――佐藤篤司
発行者――木内洋育
発行所――株式会社旬報社
〒一一二―〇〇一五 東京都文京区目白台二―一四―一三
TEL 03-3943-9911　FAX 03-3943-8396
ホームページ http://www.junposha.com/
印刷製本――株式会社光陽メディア

ISBN978-4-8451-1337-8　C0036